ulmer

Annette Schroeder

BIENENPOWER

HONIG, POLLEN, PROPOLIS

80 raffinierte Rezepte für Kosmetik, Heilmittel und Genuss

INHALT

ALLES AUS DEM BIENENKORB

SCHÖNHEIT UND PFLEGE

HAUS- UND HEILMITTEL

KULINARISCHES

SERVICE

BIENENPRODUKTE TAG FÜR TAG

Wie kommt man dazu, sich intensiv mit Bienenprodukten als Haus- und Heilmittel, in Kosmetik und in der Küche zu beschäftigen? Schon seit meiner Kindheit habe ich durch die Hobbyimkerei meines Vaters einen engen Bezug zum Thema. Keines der drei Kinder hatte Angst vor den fleißigen Tieren, da wir, durch unseren natürlichen Umgang mit ihnen, fast nie gestochen wurden. Wenn sich andere Kinder im Freibad vergnügten, waren meine Geschwister und ich häufig damit beschäftigt, meinen Eltern beim Honigschleudern zu helfen. Wenn wir Kinder Lust auf Süßes hatten, wurde uns ein Glas Honig und ein Löffel in die Hand gedrückt. Auch heute vergeht kaum ein Tag, an dem ich keinen Honig esse. Natürlich produziere ich ihn heute in meiner Kleinimkerei selbst.
Nach meinem Studium der Lebensmitteltechnologie konnte ich durch einen glücklichen Umstand an der Landesanstalt für Bienenkunde an der Universität Hohenheim meine Doktorarbeit machen. Bis heute bin ich am dortigen Institut beschäftigt und kann mir keinen schöneren Arbeitsplatz vorstellen.

Just im ersten Jahr meiner Beschäftigung dort führte die Landesanstalt ihren ersten „Tag der offenen Tür“ durch. Hierbei sollte vor allem der interessierten Öffentlichkeit alles zum Thema Bienen und Bienenprodukte präsentiert werden. Was lag näher, als hierfür den im Trend liegenden Bereich „Wellness“ mit einzubeziehen? Und so habe ich mich im Laufe der Jahre intensiv in das Thema eingearbeitet.
Heute bin ich geradezu ein Fan von Bienenprodukten. Täglich verwende ich viele der Produkte aus diesem Buch. Bei Vorträgen und Kursen zum

Thema werde ich immer wieder gefragt, wo sämtliche Informationen nachzulesen sind. Schon lange besteht daher der Wunsch, all mein Wissen zusammen zu tragen und anschaulich zu präsentieren.

Ich wünsche Ihnen viel Freude mit diesem Buch und beim Selbermachen all der heilenden, nützlichen, schönen und leckeren Rezepte und Mixturen. Ich hoffe, auch in Ihnen dieselbe Begeisterung für Bienen und deren Produkte zu wecken, die ich seit Kindheit verspüre.

Dr. Annette Schroeder

ALLES AUS DEM BIENENKORB

RUND UM DIE BIENE

Was die emsigen Insekten zum Leben brauchen, sammeln oder produzieren sie selbst: Nahrung, Baumaterial und Medizin. Davon kann der Mensch profitieren. Wer Bienenprodukte nutzt, findet darin das Beste aus der Natur.

Auch in einem kleinen Bienenvolk erfüllt jede Biene ihre Aufgabe.

Unseren Bienen verdanken wir nicht nur unseren leckeren *Honig* und die anderen wertvollen Bienenprodukte. Die Bienen sind auch fleißige Bestäuber von Nutz- und Wildpflanzen. Über zweitausend verschiedene einheimische Pflanzenarten sind auf die *Bestäubung* durch Bienen angewiesen und so sorgen die Bienen dafür, dass viele Früchte gebildet werden. Während eines Sammelflugs bleibt eine Pollen- oder Honigsammlerin einer Blütenart treu. Durch diese Blütenstetigkeit ist der Bestäubungserfolg durch die Honigbienen sehr hoch.

Eine Pollensammlerin bei ihrer Arbeit.

DAS BIENENLEBEN IM VOLK Eine einzelne Biene ist nicht überlebensfähig. Doch alle Bienen zusammen sind stark. Sie bauen und verteidigen ihren Stock, teilen sich mit, wo die besten Futterplätze sind und kümmern sich um Königin und Brut. Das alles ist ihnen so wichtig, dass sie dafür sogar ihr Leben lassen. Denn wehren sie mit einem Stich, überleben sie das oft nicht.

Ein Bienenvolk besteht in der Regel aus einer *Königin* und mehreren tausend *Arbeiterinnen.* Während der Saison kommen noch ein paar hundert Männchen, die *Drohnen,* dazu. Diese werden im Herbst aus dem Stock gejagt, da sie dann ihre Aufgabe – die Begattung von Jungköniginnen – erfüllt haben und nicht als unnötige Esser den Winter überdauern dürfen.

Frühjahr, Sommer, Herbst und Winter Im Frühjahr startet das Volk mit etwa fünftausend Arbeiterinnen in die Saison. Dann beginnt die Königin damit, Eier in großer Zahl zu legen. (Sie wurde auf ihrem *Hochzeitsflug* von bis zu dreißig Drohnen begattet. Der Spermienvorrat aus einem Hochzeitsflug reicht der Königin ungefähr drei bis fünf Jahre.) Die Population kann so auf dreißig- bis vierzigtausend Bienen wachsen.

In dieser Zeit werden auch Drohnen herangezogen und das Volk beginnt damit, *Jungköniginnen* zu bilden. Wenn der Imker das nicht verhindert, dann verlässt die alte Königin zusammen mit einem Teil des Volks kurz vor dem Schlupf der neuen Königin den Stock und der *Schwarm* sucht sich eine andere Bleibe. Durch das Schwärmen kommen dem Volk einige tausend Bienen abhanden und es wird über die Dauer von etwa drei Wochen keine neue Brut herangezogen. Dadurch wird die Zahl der Bienen im Volk stark verringert, was dazu führt, dass der Imker von diesem geschwärmten Volk nur noch wenig oder gar keinen

Honig ernten kann. Er versucht daher, das Schwärmen zu unterbinden, indem er die Brutzellen der zukünftigen Königinnen rechtzeitig „herausbricht“ und somit deren Schlupf verhindert. Eine *Arbeitsbiene* hat während der Saison nur eine Lebenserwartung von drei bis sechs Wochen. Während dieser Zeit durchläuft sie verschiedene Stationen im Volk. Als junge Biene ist sie mit der Brutpflege betraut, später übernimmt sie verschiedene Aufgaben im Stock, wie zum Beispiel Waben bauen, putzen und Honig einlagern, bis sie zur Wächterin am Flugloch und schließlich zur Sammelbiene wird. Eine *Winterbiene,* die weder Brutpflege betreiben, noch Honig oder Pollen sammeln muss, lebt dagegen mehrere Monate. Sie stirbt erst, wenn im Frühjahr die neuen Bienen schlüpfen.

Die „Sprache“ der Bienen Die Kommunikation in einem Bienenvolk verläuft über chemische Duftstoffe, die Pheromone. Honigbienen haben 15 verschiedene Drüsen, in denen sie diese Duftstoffe bilden. So gibt es zum Beispiel Alarmpheromone, welche die Verteidigung regulieren, Bruterkennungspheromone, die die Brutpflege anregen, das Königinnenpheromon, das unter anderem die Fruchtbarkeit der Arbeiterinnen unterdrückt und daneben eine Vielzahl anderer Pheromone, die die Kommunikation im Volk regeln. Auch akustische Signale spielen bei der Kommunikation eine große Rolle.
Mit Hilfe des Schwänzeltanzes können die Bienen Informationen über den Ort und die Qualität von Nahrungsquellen übermitteln. Je nach Dauer und Frequenz der Bewegungen erfahren die Bienen von der Tänzerin wohin und wie weit sie fliegen müssen, um die Trachtquelle zu finden, von der die heimkehrende Biene eine kleine Kostprobe mitgebracht hat. Die Flugrichtung zum Fundort wird hierbei relativ zum Sonnenstand übermittelt.
Ein Bienenvolk ist ein komplexes System, dessen Funktionsweise bis heute nicht vollständig erforscht ist.

EINMAL BIS ZUM MOND Die Leistungen der Bienen sind erstaunlich: die geflogenen Kilometer, die Anzahl besuchter Blüten, die Menge an Pollen, die sie heimschleppen – all das versetzt einen in großes Erstaunen. Und nur wer das vor Augen hat, kann Honig richtig schätzen.
An einem schönen Tag kann eine Biene bis zu 30 Mal ausfliegen und pro Flug mehr als 200 Blüten besuchen. Für 500 g Honig fliegt eine Biene, laut Deutschem Imkerbund, bis zu drei Mal rund um die Erde. Dabei besucht sie bis zu 75 Millionen Blüten. Rechnet man an dieser Stelle weiter, ergibt sich für 1,5 kg Honig eine Strecke bis zum Mond. Genau so viel Honig verspeist jeder Deutsche durchschnittlich im Jahr.

Jeder kann Bienen helfen Wenn Sie der Biene bei Ihrer Arbeit helfen wollen, können Sie das ohne viel Aufwand tun: Sorgen Sie dafür, dass den Bienen während der gesamten Saison Nektar- und Pollenspender zur Verfügung stehen. Pflanzen Sie einfach *Bienenweidepflanzen* auf Balkon und Garten und freuen Sie sich auf interessante Beobachtungen.
Besonders beliebt bei den Bienen sind Kräuter und Zwiebelgewächse, aber auch blühende Sträucher wie Schlehen, Weißdorn, Efeu oder Schneebeere. Bäume sind ebenfalls gute Bienenweiden, wie zum Beispiel Ahorn, Weiden, Kastanien, Robinien oder Obstbäume.

DER IMKER: SO FLEISSIG WIE SEINE BIENEN Schon vor vielen Tausend Jahren sind die Bienen und die Menschen eine Gemeinschaft eingegangen: Erste Imkereien gab es bereits im alten

Die Imkerei ist längst keine Männerdomäne mehr, der Anteil an Imkerinnen nimmt stetig zu.

Ägypten. Seit dieser Zeit kümmern sich Menschen um die Bienenstöcke, sorgen für das Wohl des Volks und belohnen sich dafür mit süßem Honig.

Wertvolle Arbeit ... Bis ein Imker allerdings ein hübsches Glas Honig verkaufsfertig anbieten kann, muss auch er viel investieren. Er braucht einen geeigneten *Standort* und viel *Material,* wie zum Beispiel Bienenkisten, Holzböcke oder Bienenstände, Schleuderutensilien und Behältnisse für den Honig. Dazu eventuell ein Fahrzeug, wenn er die Bienen nicht direkt am Haus stehen hat. Ganz wichtig ist es auch, genügend Winterfutter für die Bienen einzufüttern, nachdem er den Honig entnommen hat.
Zudem investiert er einiges an *Zeit.* Er muss die Völker während der Saison betreuen, zum Beispiel mit einer wöchentlichen Schwarmkontrolle im Frühjahr, Ablegerbildung oder Varroabehandlung. Er beschäftigt sich damit, den Honig zu entnehmen, zu schleudern, zu klären, abzufüllen. Am Schluss etikettiert er die Gläser und vermarktet sie.
Ein großes Problem der Imkerei besteht im enormen *Platzbedarf.* Wohin mit den Bienenkisten und den Waben, die während des Winters nicht benötigt werden? Wo sollen Honigschleuder und Eimer gestapelt, wo soll geschleudert und der Honig korrekt gelagert werden? Wo sollen die alten Waben geschmolzen und die Rähmchen gereinigt werden?
Die meisten Imker haben ihre Garage als Stauraum für die Imkerei umfunktioniert und räumen die Waschküche leer, wenn es ans Schleudern geht. Die Küche ist wochenlang mit Abfüllkannen, Honigeimern und Gläsern vollgestopft und alles klebt, da beim Abfüllen der eine oder andere Honigtropfen daneben geht.

GEFÜRCHTETE VARROA-MILBE
Die Varroa-Milbe ist ein Bienenparasit, der die Bienenbrut schädigt. In Deutschland sind Bienenvölker ohne die Hilfe des Imkers nicht dagegen geschützt. Die meisten Imker bekämpfen die Varroa-Milbe mit organischen Säuren, die auch von Natur aus im Honig enthalten sind. Dadurch wird die Honigqualität nicht durch die Varroabehandlung beeinträchtigt.

... ist ihr Geld wert Für 1,99 € pro Glas Honig kann der Imker in Ihrer Nachbarschaft hochwertigen Honig nicht anbieten. Honorieren Sie also die Leistung des Imkers aus Ihrer Region, indem Sie einen *adäquaten Preis* für erstklassige Qualität bezahlen.

Nachwuchs erwünscht Heute sind vor allem die Imkervereine gefordert, die dem Imkernachwuchs Schleudergelegenheiten und Möglichkeiten zur Wachsbearbeitung bieten müssen. In den letzten Jahren ist die Anzahl der Neuimker wieder stark gestiegen, da viele Imkervereine jetzt auf die unterschiedlichen Bedürfnisse reagiert haben. Wenn Sie die Imkerei unterstützen wollen, stellen Sie doch einfach Platz, den Sie nicht benötigen, für Bienen oder Material zur Verfügung. Übrigens: Auch der Anteil an Imkerinnen nimmt stetig zu.

BIENENPRODUKTE IM ÜBERBLICK

Im Bienenstock entstehen neben Honig noch viele andere Schätze, die einzigartig in ihrer Zusammensetzung und in ihrer Wirksamkeit sind. Häufig entfalten sie gerade dort ihre Stärken, wo andere Mittel an ihre Grenzen stoßen.

Ab dem Frühling laufen die Arbeiten für beste Bienenprodukte auf Hochtouren.

Kilometerlange Flüge, millionenfache Blütenbesuche: die emsige Biene wird ihrem Ruf gerecht, wenn es ums fleißige Sammeln ihrer Produkte geht. Doch mit dem Einbringen der Tracht allein ist es nicht getan: Bis zu fertigem Honig oder Propolis ist es ein langer Weg, der für die Bienen auch im Stock noch mit viel Arbeit verbunden ist. Wie machen sie diese unterschiedlichen Naturprodukte bloß?

Es gibt zwei Arten von Bienenprodukten:

- Die einen produziert die Biene direkt in ihren Drüsen, wie zum Beispiel Bienenwachs, Bienengift und Gelée Royale.
- Bei den anderen werden Rohstoffe aus der Natur gesammelt und von der Biene mit Hilfe von Drüsensekreten veredelt. Dazu zählen Propolis, Blütenpollen und Honig.

Bienenprodukt	Entstehung	Nutzen für den Menschen
Honig	Nektar und Honigtau werden in der Honigblase gesammelt und mit bieneneigen Enzymen versehen. Honig dient als Nahrungsreserve für den Winter.	Honig ist seit jeher ein beliebtes und gesundes Süßungsmittel und kann bei vielerlei Beschwerden als Haus- und Heilmittel eingesetzt werden.
Wachs	Die Bienen schwitzen das Wachs in ihren Wachsdrüsen und kneten anschließend Sekrete aus den Mandibeldrüsen, Blütenpollen und Propolis unter. Wachs dient als Baumaterial für Waben.	Wachs wird in der Kosmetik-, Pharma- und Lebensmittelindustrie in Salben, Cremes und als Trennungsmittel verwendet.
Gelée Royale	Die Bienen produzieren in ihren Futtersaftdrüsen das Gelée Royale. Es dient als Nahrung zur Aufzucht der Brut und als ständige Nahrung für die Königin.	Seine reichhaltigen Inhaltsstoffe wirken aufbauend und vitalisierend.
Blütenpollen	Die Bienen sammeln Pollen von den Blüten und kneten Nektar und Bienenenzyme unter. Blütenpollen dient der Aufzucht der älteren Brut und als Nahrung für die Ammenbienen, damit diese ausreichend Futtersäfte bilden können.	Blütenpollen enthalten viele Flavonoide, die sehr gesundheitsfördernd sind. Die Einnahme von Blütenpollen kann bei Pollenallergien mildernd wirken.
Propolis	Es entsteht aus gesammelten Pflanzenharzen, die die Bienen mit Wachs und Blütenpollen mischen. Ritzen und Spalten werden zum Schutz vor Kälte und Nässe damit abgedichtet. Propolis ist das natürliche Antibiotikum der Bienen.	Propolis hat eine antibiotische und schmerzstillende Wirkung, die bei Wunden und Erkältungskrankheiten lindernd wirkt.
Bienengift	Es wird in den Giftdrüsen am Hinterleib gebildet und in der Giftblase gesammelt. Es dient der Verteidigung des Volks und des Wintervorrats.	Bienengift wirkt heilend bei Gelenk- und rheumatischen Beschwerden.

WIRKUNG MEDIZINISCH ERWIESEN Bienenprodukte können bei einigen Erkrankungen gute Dienste leisten und werden in der Volksheilkunde zur Behandlung vieler Beschwerden eingesetzt. Neue Forschungsergebnisse bestätigen nochmals die Wirksamkeit von Bienenprodukten, die bereits unsere Vorfahren auch ohne wissenschaftliche Studien kannten und zu schätzen wussten.

Besonders der Umstand, dass Bienenprodukte bei Mikroorganismen *keine Resistenzen* ausbilden (so wie viele Antibiotika), rechtfertigt ihren jahrhundertelangen, erfolgreichen Einsatz. Viele Wissenschaftler hoffen darauf, Bienenprodukte als wirk-

Honig – eine gesunde Leckerei für Kinder ab einem Jahr.

VORSICHT VOR ALLERGIEN
Alle Bienenprodukte enthalten Eiweiß und können daher Allergien auslösen.
Honigallergien werden in erster Linie durch Proteine aus Drüsensekreten der Bienen ausgelöst. Außerdem reagieren manche Menschen auf den im Honig enthaltenen Blütenpollen (vor allem Korbblütler) allergisch.
Bemerkenswert: Menschen, die an Heuschnupfen leiden, zeigen meist keine Reaktion auf Honig. Das mag vor allem daran liegen, dass die klassischen Pollenallergien vornehmlich durch Pollen von Windbestäubern wie Birke oder Gräser hervorgerufen werden.

same Mittel gegen multiresistente Krankheitserreger, die durch den häufigen Antibiotikagebrauch entstanden sind, einsetzen zu können.
Speziell in der *Krebstherapie* werden Honig, Propolis, Blütenpollen und Gelée Royale verstärkt mit guten Erfolgen gegen begleitende Beschwerden eingesetzt.
Besonders dem Honig werden viele gesundheitsfördernde Eigenschaften nachgesagt. So wird zum Beispiel berichtet, dass Honig positiv auf die Behandlung von *Magen- und Darmkrankheiten* wirkt, gegen *Helocobacter pylori,* den Verursacher von Magengeschwüren und bei Darmentzündungen nach der Strahlentherapie. Auch äußerlich angewendet soll Honig helfen, zum Beispiel bei Hauterkrankungen (Dermatitis, Neurodermitis) und Herpes-Viren. Seine heilende Wirkung bei Blasenkrebs und Röteln wurde nachgewiesen.
Daneben wird er zur Wundheilung und Kräftigung der *Immunabwehr* eingesetzt. Eine amerikanische Studie belegt, dass Honigkonsum zu einer Stimulierung und zum Anstieg der B- und T-Lymphozyten im Blut führt, was auf eine Aktivierung des Immunsystems schließen lässt.

Warum sollen Babys keinen Honig essen? Honig ist ein unbehandeltes Rohprodukt. Zwar können sich Krankheitserreger im Honig nicht vermehren. Aber es können Dauerformen, sogenannte Sporen, im Honig „ruhen“ und in günstiger Umgebung wieder „aufwachen“.
Ein besonders gefährlicher Keim ist das *Clostridium botulinum.* Dieses Bakterium kann als Spore sehr lange überleben. Wenn es dann keimt und sich vermehrt, bildet es ein Gift. Es heißt Botulinum-Toxin und ist heute besser bekannt als *„Botox“*. Gelangt dieses Gift in einer genügend großen Menge in unseren Körper, kann es sehr schnell zum Tod führen. Die ungekeimten Sporen des Erregers hingegen, die im Honig enthalten sein können, sind für Erwachsene völlig ungefährlich, denn sie können in unserem Magen und Darm nicht keimen und sich vermehren. Es wird dann also auch kein Gift gebildet.
Bei einem Baby ist das anders: Sein Magen-Darm-System ist noch nicht völlig ausgebildet. Deshalb können die Sporen hier ungehindert keimen und *Gift* produzieren. Sobald sich der Magen-Darm-Trakt auf normale Nahrung eingestellt hat (etwa ab einem Jahr), kann ein Kind unbedenklich Honig essen.

HONIG – SÜẞES OHNE SÜNDE

Honig war für unsere Vorfahren jahrtausendelang das einzige Süßungsmittel. Doch der Honig kann viel mehr als süßen, was ihn zu einem wertvollen Naturprodukt macht.

Es gibt goldgelben Honig, es gibt fast weißen Honig, dunkelbraun ist er manchmal auch. Honig kann flüssig und durchsichtig sein, milchig, cremig oder fest. Er kommt in unzähligen verschiedenen Sorten vor, die sich unterscheiden in Geschmack, Aussehen, Aroma und Beschaffenheit.

Je nach Trachtquelle entstehen verschiedene Honigsorten.

Eines ist aber immer gleich: Honig darf nur der Saft genannt werden, dessen Rohstoffe von Bienen an lebenden Pflanzen gesammelt werden. Diese von den Bienen beflogenen Pflanzen nennt man *Trachtquelle*.

WIE ENTSTEHT HONIG? Die Bienen sammeln den Honig als Nahrungsreserve für die Zeit des Jahres, in der die Natur keine Nahrung vorhält. Honig besteht zu etwa 80 % aus Zucker und ist damit die Energiequelle, die die Bienen brauchen, um im Winter nicht zu verhungern und zu erfrieren. Deshalb ist er ihr höchstes Gut. Er sichert den Fortbestand des Volkes bis zum nächsten Frühjahr.

Die Rohstoffe, die die Bienen in ihren Stock tragen, stammen aus zwei Quellen, dem Nektar und dem Honigtau. Der *Nektar* ist ein durch Nektarien gefilterter Siebröhrensaft der Pflanzen. Seine Zusammensetzung ist abhängig von der Pflanzenart und den Umweltbedingungen wie Temperatur, Licht, Wasser und Boden. Aus diesem Blütennektar macht die Biene *Blütenhonig.*

Der *Honigtau* geht einen Umweg: Hier sind es Honigtauerzeuger, meistens Läuse, die die Siebröhren anstechen und den zuckerhaltigen Saft aussaugen. Weil dieser Saft für die Läuse aber zu süß ist, scheiden sie den überschüssigen Zucker als Honigtau wieder aus. Diesen sammeln die Bienen dann ab. Die Zusammensetzung des Honigtaus ist abhängig von der Pflanzenart, den Umweltbedingungen und der Art der Läuse. Aus ihm machen die Bienen Honigtauhonig, auch bekannt als *Wald- oder Tannenhonig.*

LÄUSE HELFEN BIENEN

Honigtau wird von Honigtauerzeugern, meistens Läusen, produziert, die sich auf spezifischen Wirtspflanzen ansiedeln. Bei uns sind das meistens Läuse, es gibt aber auch Zikaden oder Flöhe, die Honigtau produzieren. In manchen Ländern gibt es auch Pflanzen, die Honigtau ganz ohne die Hilfe von Pflanzensaugern produzieren. Das ist zum Beispiel von Eichen im mediterranem Raum bekannt. Bei uns gibt es Honigtauerzeuger auf Fichten, Tannen, Eichen, Ahornbäumen, Kastanien, Linden und vielen anderen Pflanzen. Es gibt sogar Honigtau auf der Kartoffel, der von Bienen gesammelt wird. Einer der wichtigsten Honigtauerzeuger im Schwarzwald ist die „Grüne Tannenhoniglaus“.

Viel Mühe für einen Tropfen Honig Sind Nektar oder Honigtau gesammelt, geht für die Bienen die eigentliche Arbeit des Honigmachens erst los:

Bereits die Sammelbienen setzen dem süßen Saft Enzyme aus den Kopf- und Brustspeicheldrüsen zu. Im Bienenstock geben sie ihn an die Stockbienen weiter. Die setzen erneut Enzyme zu. Die Stockbienen trocknen danach den Honig, indem sie den Honigblaseninhalt der warmen Stockluft aussetzen. Hierzu bilden sie immer wieder kleine Tröpfchen an der Rüsselspitze. Durch ständige Ventilation und Erneuerung der Stockluft kann das Tröpfchen trocknen und wird anschließend als Honig Schicht für Schicht in die *Waben* eingelagert. Dort trocknet der Honig weiter, bis eine Haltbarkeit über mehrere Monate gewährleistet ist. Erst dann verschließen die Bienen die Waben mit einem dünnen Wachsdeckel.

Wie entsteht ein fein-cremiger Honig? Der ideale Honig ist nicht zu flüssig, denn sonst läuft er sofort vom Brot. Er ist auch nicht zu fest, denn sonst lässt er sich nicht streichen.

Wenn der Honig einen hohen Anteil der Zuckersorten beinhaltet, die leicht kristallisieren, zum Beispiel Traubenzucker, beginnt die Kristallisation. Diese Zucker lagern sich an *Kristallisationskeime* an. Das können unter anderem Pollen sein, kleine Wachspartikelchen, Luftbläschen oder sehr kleine Zuckerkristalle. Wenn es im Honig viele Kristallisationskeime gibt, beginnen die Zuckerkristalle an vielen Stellen zu wachsen, es entsteht ein fein kristallisierter Honig. Gibt es nur wenige Kristallisationskeime, entstehen wenige, große Kristalle. Der Honig wird grob kristallisiert.
Die meisten Menschen bevorzugen jedoch einen fein-cremigen Honig. Der Imker muss also dafür sorgen, dass in seinem Honig genügend Kristallisationskeime vorhanden sind, damit sich ein feines Kristallgefüge bilden kann. Das erreicht er entweder dadurch, dass er die ersten sich bildenden Kristalle durch Rühren zerkleinert und dadurch viele kleine Kristallisationskeime schafft. Oder er setzt die Keime seinem Honig zu. Dazu eignet sich ein bereits kristallisierter „Impfhonig“. Dessen feine Kristalle werden gründlich eingerührt und dadurch gut verteilt. Dadurch kristallisiert der so beimpfte Honig ebenfalls fein.

OB HART, OB WEICH
Sorgen Sie sich nicht, wenn Ihr Honig langsam hart wird. Denn ob hart oder weich: Die Zusammensetzung der vorhandenen Zuckerarten bleibt unverändert. Die Kristallisation betrifft nur die physikalische Eigenschaft des Honigs, nicht seine chemische Zusammensetzung.

Warum bleiben manche Honige immer flüssig? Das Kristallisationsverhalten von Honig hängt im Wesentlichen von zwei Faktoren ab:

- Dem *Zuckerspektrum,* also dem Verhältnis zwischen solchen Zuckerarten, die schnell kristallisieren, und solchen Zuckerarten, die lange flüssig bleiben (zum Beispiel Fruchtzucker). Es gibt Honigsorten beziehungsweise Trachtquellen, bei denen der Fruchtzuckergehalt im Verhältnis zum Traubenzuckergehalt relativ hoch ausfällt. Das ist bei vielen südamerikanischen Honigen, aber auch bei Akazien- und Robinienhonig der Fall.
- Der *Anzahl an Kristallisationskeimen*. Werden diese Teilchen zum Beispiel herausgefiltert, kristallisiert der Honig nicht so stark. Auch eine sanfte Erwärmung, die dem Honig nicht schadet, ist hilfreich, um erste Zuckerkristalle wieder aufzulösen.

SORTENHONIGE – VIELFALT DER NATUR Honig ist nicht gleich Honig. Sie schmecken im Honig die Unterschiede in der Landschaft, im Klima und sogar in den Jahreszeiten, je nachdem, ob Sie einen Blüten- oder Honigtauhonig, einen Honig aus Früh-, Sommer- oder Spättracht wählen. Probieren Sie es einmal aus!

Aus Deutschland … Da das Trachtangebot in Deutschland recht vielfältig ist, finden wir bei uns vor allem *Mischhonige,* von denen keiner wie der andere schmeckt. Trotzdem bevorzugen

viele Menschen *Sortenhonige,* da sie dann immer genau wissen, wie der Honig in etwa schmecken wird.
Folgende deutschen Sortenhonige sind auf dem Markt erhältlich, manchmal müssen Sie nur etwas danach suchen:

- Raps
- Obstblüte
- Heide
- Linde
- Robinie (wird oft als Akazie bezeichnet; in Deutschland gibt es aber keine Akazien)
- Löwenzahn
- Edelkastanie
- Klee
- Kornblume
- Phacelia (Büschelschön)
- Buchweizen (vor allem im Osten)
- Sonnenblume (selten)
- Götterbaum (selten)
- Fichte
- Tanne (in Süddeutschland)

Daneben kann es natürlich immer vorkommen, dass die Bienen eine Pflanzenart wie zum Beispiel Spargel oder Springkraut sehr stark besuchen und der Imker dann einen *seltenen Sortenhonig* ernten kann. In diesem Fall sollten Sie einmal kosten, und wenn Ihnen der Honig schmeckt, gleich größere Mengen kaufen. Mittlerweile wird sogar an der Mosel ausreichend Lavendel angebaut, dass es auch einheimischen Lavendelhonig zu kaufen gibt.

Verschiedene Honigsorten – Vielfalt der Natur.

… und aus dem Ausland Bestimmte Honigsorten kommen aus dem Ausland, meist aus Südeuropa. Häufig sind zum Beispiel folgende Sorten:

- Rosmarin
- Thymian
- Pinien
- Orangenblüten
- Lavendel

Achten Sie auch hier darauf, dass der Honig aus einer vertrauenswürdigen Quelle stammt. Es gibt auch deutsche Imker, die mit ihren Bienen zum Beispiel nach Südfrankreich in die Lavendelblüte oder nach Italien in die Orangenblüte wandern. Diese Honige sind natürlich etwas teurer als Honige aus einheimischer Tracht.

HONIG KAUFEN UND AUFBEWAHREN Sehr viele Imker halten ihre Bienen mit äußerster Sorgfalt und der Honig entspricht höchsten Qualitätsrichtlinien, auch wenn sich für die meisten kleinen Imkereien eine Mitgliedschaft in einem Bioverband nicht lohnt. Viele engagierte Imker lassen ihre Bienenprodukte regelmäßig auf ihre Qualität untersuchen und können *Zertifikate* vorweisen. In Deutschland gibt es etwa 90 000 Imker. Etwa 80 % dieser Imker sind Freizeit- und Nebenerwerbsimker. Es gibt bestimmt auch einen in Ihrer Nähe.
Kaufen Sie Ihren Honig am besten beim Imker Ihres Vertrauens. Fragen Sie ihn ruhig nach seiner Betriebsweise, also zum Beispiel nach der Qualität seines Wachses. Lassen Sie sich erklären, wie er seine Bienen gegen die Varroa-Milbe behandelt und sprechen Sie ihn auf das Thema Rückstände an.

Richtig gelagert Honig schmeckt nicht nur lecker. Er hat auch viele wertvolle Inhaltsstoffe. Essen Sie Ihren Honig einfach frisch, dann ist sicher noch alles enthalten und außerdem schmeckt er am besten. Achten Sie dann beim Aufbewahren auf die richtigen Bedingungen:
Wenn Honig in der Wärme oder in der Sonne steht, können seine wertvollen Inhaltsstoffe, vor allem die Enzyme, Inhibine und Vitamine, beschädigt werden. Lagern Sie Ihren Honig deswegen *nicht zu warm und außerdem dunkel und trocken.* Wichtig ist es auch, den Honig *gut verschlossen* aufzubewahren, denn er kann durch seinen hohen Zuckergehalt Wasser an sich binden.
Ich stelle meinen Honig des täglichen Gebrauchs einfach in den *Kühlschrank.* Flüssiger Honig läuft dann nicht so schnell vom Brot und lässt sich dicker auftragen. Leider beginnt flüssiger Honig im Kühlschrank aber schneller zu kristallisieren als im Vorratsschrank. Honig hält sich auch im *Vorratsschrank* sehr lange.

WELCHER HONIG IST DER BESTE?
Genau der Honig, der Ihnen gerade jetzt am besten schmeckt, ist der Beste! Was nützt es, wenn Sie sich zum Beispiel einen Edelkastanien- oder Buchweizenhonig kaufen, weil sie sehr hohe Gehalte an Flavonoiden aufweisen. Wenn sie Ihnen nicht schmecken, verschwinden sie ganz weit hinten im Vorratsschrank und nützen Ihnen nichts mehr. Genießen Sie einfach die Vielfalt und folgen Sie Ihren Gelüsten.

Kann Honig verderben? Honig kann wegen seines hohen Zucker- und seines niedrigen Wassergehalts nicht von Bakterien verdorben werden. Er kann also nicht „schlecht" werden. Im Honig können aber bestimmte Hefen wachsen, die den Honig verändern. Der Honig wird von diesen Hefen vergoren. Es entstehen dabei Alkohol, wenn auch ganz wenig, und Aromastoffe, die im unvergorenen Honig nicht enthalten sind. Das macht den Honig nicht unbedingt schlecht. Ein *vergorener Honig* schmeckt nur anders als ein unvergorener.
Es gibt viele Menschen, denen ein vergorener Honig sogar besser schmeckt. Und es gibt asiatische und afrikanische Länder, in denen Honig nur in vergorener Form auf dem Markt erhältlich ist. Der Kunde hierzulande erwartet aber normalerweise, dass der Honig nicht vergoren ist. Deswegen darf ein solcher Honig nicht verkauft werden. Wenn der Honig Ihnen aber im vergorenen Zustand schmeckt, spricht nichts dagegen, ihn einfach zu essen. Sein Verzehr ist völlig *unbedenklich.*

WENN DER HONIG BLÜTEN BILDET
Enthält ein Honig zum Beispiel viel Traubenzucker und im Verhältnis dazu nur wenig Wasser, dann bleiben die Zwischenräume des Zuckerkristallgefüges leer. Die Lücken erscheinen deshalb weiß. Zu sehen sind dann nur die reinen Traubenzuckerkristalle als weiße Blüten.

Honigkristalle schaden nicht Im Honig stecken große Mengen der beiden Zuckerarten Traubenzucker und Fruchtzucker. Der Traubenzucker hat die Neigung, sehr schnell zu kristallisieren. Das bedeutet, dass sich die einzelnen Zuckermoleküle aneinander heften und Kristalle bilden. Es gibt aber auch noch weitere Zuckerarten, die schnell kristallisieren. Ein solcher Zucker ist zum Beispiel der Dreifachzucker Melezitose. Dieser kristallisiert so schnell, dass Melezitosehonig bereits in den Waben fest wird und wie Zement in den Waben feststeckt. Der Imker kann diesen Honig dann nicht mehr aus den Waben schleudern und nennt ihn deswegen *„Zementhonig".*
Die Kristallisation ist ein physikalischer Vorgang, der von den Bindungskräften der Moleküle abhängt, ähnlich der Eiskristallbildung beim Gefrieren von Wasser. Die *Kristalle* werden immer größer, schließen sich zusammen und sind am Schluss fest verbunden. Wenn Honig kristallisiert, bilden sich Zuckerkristalle. Ist der Honig dann fest, sind die flüssigen und gelösten Bestandteile (wie zum Beispiel Wasser, Fruchtzucker, Mineralstoffe, Enzyme, Vitamine und so weiter) aber nicht verschwunden. Sie „verstecken" sich vielmehr in den Zwischenräumen des Kristallgefüges. Am Inhalt des Honigs hat sich durch die Kristallisation also nichts geändert, nur an seinem Aussehen.

Das *Kristallgefüge* kann durch leichtes Erwärmen wieder aufgelöst werden, die Kristalle schmelzen dann wieder. Dieser Vorgang kann wiederholt werden, ohne dass der Honig leidet. Vorausgesetzt, der Honig wird beim Auflösen nicht zu heiß, denn das zerstört manche Inhaltstoffe. Wenn Sie Honig verflüssigen

Ob flüssig oder kristallisiert – Honig bleibt Honig.

wollen, stellen Sie ihn in ein Wasserbad bei etwa 40 °C und kühlen ihn, wenn er flüssig ist, schnell wieder ab.

ZUCKER – DIE ENERGIEQUELLE Honig enthält ungefähr 80 % Zucker. Das klingt einfach, aber die genaue Zusammensetzung des Zuckers im Honig ist äußerst komplex.
Wenn wir von Zucker sprechen, so meinen wir damit meist Haushaltszucker. Er wird wissenschaftlich Saccharose genannt und ist uns auch als Rüben- oder Rohrzucker bekannt. Dieser Zucker besteht aus zwei Zuckerbausteinen, ist also ein *Zweifachzucker.*
Dieser uns wohl bekannte Haushaltszucker ist aber nicht der Zucker, aus dem der Honig hauptsächlich besteht: Im Honig stecken vor allem Traubenzucker (Glucose) und Fruchtzucker (Fructose). Diese beiden Zuckerarten sind *Einfachzucker* (Monosaccharide). Das bedeutet, dass sie, chemisch gesehen, aus einem einzigen Zuckerbaustein bestehen. Blütenhonige enthalten ungefähr 70–80 %, Honigtauhonige etwa 50–65 % dieser beiden Zuckerarten. In Honigtauhonigen sind größere Mengen unterschiedlicher anderer Zucker enthalten als in Blütenhonigen.
Daneben gibt es in der Natur aber noch andere Zucker, die sich ebenfalls im Honig wiederfinden. Abhängig von der durch die Bienen genutzten Tracht, sind im Honig auch noch verschiedene Zweifachzucker (Disaccharide), Mehrfachzucker (Oligosaccharide, mit mehreren Zuckerbausteinen) und Vielfachzucker (Polysaccharide, mit vielen Zuckerbausteinen).

HONIG UND KARIES
Auch wenn Honig aus Zucker besteht: Es wurde nachgewiesen, dass er die Bildung von Karies nicht fördert, sondern im Gegenteil eine hemmende Wirkung auf das Karies bildende Bakterium *Streptococcus mutans* aufweist. Außerdem verhindert er die Plaquebildung.

Zuckervielfalt Insgesamt gibt es über 30 verschiedene Zuckerarten. Welche und wie viele Zuckerarten im Honig enthalten sind, hängt davon ab, welche Pflanzen als Trachtquelle genutzt werden.
Bei der Honigbereitung durch die Bienen wird die in den Honigstoffen Nektar und Honigtau enthaltene Saccharose durch das bieneneigene Enzym Invertase gespalten. Dabei wird ein Molekül Wasser eingelagert. Es wird also durch diese enzymatische Spaltungsreaktion Wasser verbraucht. Das ist bereits ein erster Schritt zur Honigtrocknung.
Durch weitere enzymatische Reaktionen entstehen auch noch andere Zuckerarten, zum Beispiel die Zweifachzucker Maltose (Malzzucker) und Trehalose oder die Dreifachzucker Erlose und Raffinose. Allen Zuckern gemeinsam ist ihre stark wasserbindende und dadurch konservierende Wirkung.

Honigrohstoffe Nektar/Honigtau

Honig

Rüben-/ Rohrzucker + Wasser → Traubenzucker + Fruchtzucker
(Saccharose) *(Glucose)* *(Fructose)*

Ein Honigbrot – der tägliche Genuss für die Gesundheit.

Gute Zucker für Magen und Darm Die *Verdauung* des Trauben- und Fruchtzuckers verläuft anders als die des Haushaltszuckers. Die beiden Einfachzucker (Seite 24) können die Darmwand in unveränderter Form passieren, während der Zweifachzucker zuerst gespalten werden muss.
Der *Traubenzucker* geht sofort vom Darm ins Blut über und wird dann mit Hilfe von Insulin von den Muskeln und dem Gehirn zu Energie umgesetzt. Der *Fruchtzucker* wird nur langsam aus dem Darm ins Blut abgegeben. Er wird auch nur zu einem kleinen Teil direkt als Energielieferant genutzt; der größte Teil wird erst später unter anderem in der Leber abgebaut. Überdies zeigt der Fruchtzucker im Darm schleimbildende Wirkung, was zwar einerseits schützend auf Magen- und Darmschleimwände wirkt, bei übermäßigem Verzehr andererseits aber abführend wirken kann.
Auch die in Honigtauhonigen (Wald- und Tannenhonig) in größerem Maße vorhandenen Mehrfachzucker werden vom Darm nur langsam ins Blut abgegeben. Diese Zucker haben eine weitere positive Eigenschaft: Sie steigern das Wachstum erwünschter Bifidobakterien in der *Darmflora,* haben also eine sogenannte prebiotische Wirkung.

INHIBINE UND ENZYME – DIE KONSERVIERER Inhibine sind aktive Inhaltsstoffe im Honig. Sie wirken *antibakteriell,* das bedeutet, sie hemmen Krankheitserreger.
Ein besonders wichtiges Inhibin im Honig ist das Wasserstoffperoxid. Aber auch Säuren, Enzyme, Flavonoide und Benzoate wurden als Inhibine identifiziert. Daneben gibt es im Honig noch sogenannte Defensine. Defensine gehören zu den sogenannten Peptiden. Sie bestehen aus relativ wenigen Aminosäuren und ähneln damit „kleinen Eiweißen". Sie werden von Tieren und Pflanzen vor allem zur Abwehr von Mikroben gebildet. Die Stoffe zerstören z. B. die äußere Hülle von Bakterien, sie wirken aber auch effektiv gegen Pilze und Gifte. Die verschiedenen Honigsorten haben unterschiedliche Anteile dieser inhibitorisch wirkenden Substanzen.
Das *Wasserstoffperoxid* wird durch die Aktivität des Bienenenzyms Glucoseoxidase gebildet. Dieses Enzym spaltet den Traubenzucker des Honigs in Wasserstoffperoxid und in eine Säure, die Gluconsäure.
Eine hohe Enzymaktivität hat also zur Folge, dass im Honig viel Wasserstoffperoxid und viel Gluconsäure gebildet wird, was wiederum bedeutet, dass im Honig viele Inhibine stecken. Aus diesem Grund ist ein enzymreicher Honig *besonders wertvoll.*
Daneben enthält Honig eine Vielzahl weiterer Enzyme wie Phosphatase, Invertase, Diastase und Amylase. Diese wirken ebenfalls *antibakteriell* und *verdauungsfördernd.*

GEHEMMT
Inhibine sind verantwortlich für die entzündungshemmende Wirkung des Honigs bei Infektionen. Weil sie die Vermehrung der Bakterien hemmen, lindern sie zum Beispiel Erkältungen.

ANTIOXIDANTIEN UND FLAVONOIDE – DIE RADIKALFÄNGER
Mit Honig gesund bleiben – das kann auch deswegen gelingen, weil im Honig viele *Radikalfänger,* Antioxidantien genannt, enthalten sind. Ihnen werden besonders gesundheitsfördernde Eigenschaften zugesprochen, weil sie schädigende Angriffe von freien Radikalen auf Zellstrukturen und Eiweißmoleküle verhindern können. Deshalb senken Radikalfänger das Risiko, an Arteriosklerose, Rheuma, Asthma oder Krebs zu erkranken.
Es konnte nachgewiesen werden, dass bereits eine Stunde nach Honiggenuss der Gehalt der Antioxidantien im Blut steigt und dessen antioxidative Kapazität gesteigert wird. Honig wirkt somit sogar positiv auf den *LDL-Cholesterin-Gehalt* des Blutes.
Flavonoide bilden eine Gruppe der Antioxidantien. Flavonoide kennen wir als gelbe, orangefarbene und rote Pflanzenfarbstoffe, als Bitterstoffe und als adstringierende Stoffe – das sind Substanzen, die ein raues, pelziges Mundgefühl verursachen. Hohe Anteile an Flavonoiden sind auch in Blütenpollen und Propolis enthalten. Einige Flavonoide haben eine *gefäßverstärkende, antivirale* oder *krampflösende Wirkung,* andere wirken *gegen Entzündungen* und *Histamin.* Der Gehalt an Flavonoiden im Honig ist sortenabhängig. Manukahonig enthält zusätzlich

Methylglyoxal, ein Nebenprodukt aus dem Zuckerstoffwechsel, das eine besonders hohe antioxidative Wirkung aufweisen soll. Allerdings wird eine womöglich schädliche Wirkung auf den Organismus ebenfalls kontrovers diskutiert.

Bittere Honige – viele Radikalfänger Wie viele Antioxidantien und Flavonoide im Honig stecken, ist von der Sorte abhängig. Bittere Honige wie zum Beispiel Buchweizen-, Edelkastanien- oder Manukahonig enthalten höhere Mengen dieser gesundheitsfördernden Radikalfänger als milde Blütenhonige.

SÄUREN – DIE APPETITANREGER Man glaubt es kaum: Aber so süß Honig auch ist, sein pH-Wert liegt im leicht sauren Bereich. Deshalb kann er auch den Säureschutzmantel der Haut unterstützen und antimikrobiell wirken.
Dies kommt vor allem durch die pH-Wert-Absenkung zustande.

Der pH-Wert des Honigs ist abhängig vom Gehalt an organischen Säuren und dem Gehalt an Substanzen mit *Pufferwirkung.* Diese Puffersubstanzen (zum Beispiel Eiweiße oder Mineralstoffe) haben die Eigenschaft, dass sie Säuren abfangen können. Beinhaltet der Honig viele davon, erhöht sich der pH-Wert, der Honig ist also weniger „sauer“. Dies ist zum Beispiel bei Honigtauhonigen der Fall. Sie weisen sogar höhere pH-Werte auf als die Blütenhonige, obwohl sie größere Mengen an organischer Säure enthalten.
So liegt der pH-Wert von Honigtauhonigen etwa zwischen 4,0 und 4,5 und der von Blütenhonigen etwa zwischen 3,2 und 4,5. Beide befinden sich damit jeweils im schwach sauren Bereich. Weil die meisten Mikroorganismen aber bei neutralem pH-Wert (pH 7) am besten wachsen, haben die Säuren im Honig auch eine *antimikrobielle Wirkung.*
In unserer Nahrung wirken Säuren appetit- und verdauungsfördernd, deshalb ist ein kleines Honigbrot jederzeit ein wirksamer kleiner *Appetithappen.* Er kann besonders bei Kindern, die schlecht essen, oder bei älteren Menschen Wunder wirken.

WEITERE AKTIVE HONIGINHALTSSTOFFE – DIE WERTVOLLEN Im Honig stecken eine Vielzahl von *Vitaminen,* darunter Vitamin C, Vitamin B1, Vitamin B2-Komplex, Vitamin B6, Vitamin H (Biotin), Pantothensäure und Folsäure. Vitamine sind für die Aufrechterhaltung aller Lebensvorgänge nötig. Überdies enthält Honig viele verschiedene *Aminosäuren,* die für die Bildung wichtiger Stoffwechsel-Zwischenprodukte und damit für ein reibungsloses Stoffwechselgeschehen verantwortlich sind. Im Besonderen ist das Prolin zu nennen, das mengenmäßig den größten Aminosäureanteil im Honig ausmacht.

HONIGAROMA, EISGEKÜHLT
Edelkastanienhonig hat ein sehr ausgeprägtes Aroma und eignet sich daher hervorragend für ein Honig-Parfait. Selbst wenn Ihnen Edelkastanienhonig pur nicht schmeckt, werden Sie von diesem Parfait begeistert sein (Rezept Seite 96). Das Aroma kommt sehr fein zum Vorschein und der bittere Geschmack fällt nicht mehr auf.

DER PH-WERT …
… gibt an, wie sauer oder alkalisch eine Substanz reagiert. Je tiefer der pH-Wert liegt, desto saurer ist die Substanz. Einen pH von 7 haben neutrale Substanzen.

Prolin unterstützt die Bildung des roten Blutfarbstoffs Hämoglobin. Eine unentbehrliche Überträgersubstanz im Gehirn, im zentralen Nervensystem und in den Muskeln ist das *Acetylcholin.* Es erweitert die Gefäße und wirkt blutdrucksenkend, es regt die Verdauung an und wirkt regulierend auf die Geschwindigkeit des Herzschlags. Auch dieser Stoff ist im Honig enthalten.
Etwa 120 *Duft- und Aromastoffe* im Honig wirken appetitanregend und verdauungsfördernd und sollen stimulierend auf das Immunsystem des Körpers wirken.
Eine große Anzahl verschiedener *Mineralstoffe* runden die Zusammensetzung des Honigs ab. Blütenhonige sind oftmals reicher an Kalzium. Honigtauhonige haben meist einen höheren Gehalt an Eisen und Kalium. Generell haben Honigtauhonige einen bis zu zehn Mal höheren Mineralstoffgehalt als Blütenhonige.

HONIG UND ARISTOTELES

„Das Ganze ist mehr als die Summe seiner Teile", sagte schon Aristoteles (384–322 v. Chr.). Dieser Satz gilt auch für den Honig, denn seine positive Wirkung entsteht durch das gleichzeitige Zusammenwirken aller seiner Inhaltsstoffe.

Honig ist

- appetitanregend und verdauungsfördernd durch Enzyme, organische Säuren und Aromastoffe.
- stärkend für Herz und Kreislauf durch Antioxidantien, wie zum Beispiel Polyphenole, Vitamin C und Beta-Carotin.
- antibakteriell durch Säuren, Inhibine, Antioxidantien und Enzyme (Wundheilung, Herpes, Zahnfleischentzündung).
- stärkend für das Immunsystem durch Pollen, Vitamine und Spurenelemente.

GELÉE ROYALE – DAS BESTE FÜR DIE KÖNIGIN

Bienen, die mit der Brutpflege betraut sind, heißen Ammenbienen. Sie machen tagein, tagaus nichts anderes, als sich um die Brut zu kümmern. Sie produzieren und verfüttern den wertvollen und reichhaltigen Königinnenfuttersaft.

Erst das Gelée Royale macht die Königin.

Ammenbienen haben besonders ausgeprägte Futtersaftdrüsen, in denen sie die Futtersäfte produzieren. Der wertvollste davon ist das Gelée Royale, das „königliche Gelée", auch Königinnenfuttersaft genannt. Er ist das Futter für die Königin, die einen sehr hohen Bedarf an Eiweißen hat. Schließlich macht sie tagtäglich nichts anderes, als ununterbrochen Eier zu legen. Doch auch der „normale" Nachwuchs der Bienen benötigt eine energie- und eiweißreiche Nahrung, damit er sich gut entwickeln kann.

JEDE BIENE BEKOMMT ES Jede Biene entwickelt sich vom Ei über Larve und Puppe bis zum erwachsenen Tier, das emsig seine Arbeit verrichtet. Die Königin wächst am schnellsten (etwa 16 Tage), gefolgt von der Arbeiterin (etwa 21 Tage) und schließlich vom Männchen, dem „Drohn" (etwa 24 Tage).

Die *Ammenbienen* versorgen alle Bienenlarven während der ersten drei Lebenstage mit Gelée Royale. Bei älteren Larven werden die Futtersäfte danach immer weniger gehaltvoll.
Es wird nach und nach immer mehr reiner Blütenpollen zugefüttert.
Weibliche Larven hingegen, aus denen eine Königin entstehen soll, erhalten während ihrer gesamten Larvenzeit reines Gelée Royale. Oder anders ausgedrückt: Bekommt eine weibliche Bienenlarve nur reichlich reines Gelée Royale, entsteht aus ihr eine Königin. Alleine das Futter während des Larvenstadiums entscheidet also darüber, ob sich eine normale Arbeiterin oder eine Königin entwickelt. Bei Gelée Royale handelt es sich somit um eine *„Powernahrung“.* Deswegen füttern die Bienen ihrer Königin ausschließlich diesen wertvollen Saft, der besonders gut auf die Geschlechtsorgane wirkt.

EIN JUNGBRUNNEN FÜR DIE ZELLEN Gelée Royale wird folglich gerne bei entsprechenden Beschwerden oder unerfülltem Kinderwunsch eingenommen. Darüber hinaus finden wir Gelée Royale in der Kosmetik: In Hautcremes sollen die reichhaltigen Inhaltsstoffe die Vitalität der Zellen anregen und damit dem Alterungsprozess entgegen wirken.

Gelée Royale – kostbare Nahrung für Biene und Mensch.

POLLEN – FÜR DIE KLEINSTEN NUR VOM FEINSTEN

Blütenpollen sind etwas ganz Besonderes: Sie duften, haben wertvolle Inhaltsstoffe und sind die Grundlage für das Futter der Bienenbrut. Sie enthalten nahezu alle Inhaltsstoffe, die ein Körper zur Ernährung benötigt. Davon können auch Sie profitieren.

Pollen, die männlichen Keimzellen der Blütenpflanzen, haben einen hohen Eiweißgehalt und werden deswegen von den Bienen zur Aufzucht der Brut benötigt. Die Ammenbienen verzehren sehr viel Blütenpollen, damit sie ausreichend Futtersaft in ihren Drüsen bilden können. Vor allem bei der Produktion von Gelée Royale spielen die im Pollen enthaltenen *Pflanzenhormone* eine wichtige Rolle. Weitere wertvolle Bestandteile des Pollens sind die sekundären Pflanzenstoffe, vor allem *Farb- und Bitterstoffe.* Diese Flavonoide wirken hemmend auf das Bakterienwachstum.

WERTVOLL FÜR VEGETARIER Auch für Menschen sind Blütenpollen wegen dieser Inhaltsstoffe gesund. Besonders für Vegetarier sind Pollen ein guter *Eiweißlieferant* und helfen darüber hinaus, den Bedarf an Vitaminen zu decken. Sie schmecken allerdings etwas bitter. Um das etwas abzumildern, können Sie Blütenpollen mit Honig mischen. Dann schmeckt er süß und lecker.

Vorsicht: Manche Menschen leiden an einer Pollenallergie. Wissenschaftliche Untersuchungen zeigen jedoch, dass die Einnahme von Blütenpollen zur Desensibilisierung und dadurch zur Linderung der Pollenallergien beitragen kann.

Frisch gewonnener Blütenpollen ist wegen seiner hohen Feuchtigkeit nur wenige Tage haltbar. Um eine längere Haltbarkeit zu erreichen, müssen Blütenpollen entweder schonend getrocknet oder tiefgefroren gelagert werden.

KÖNNEN WIR BLÜTENPOLLEN ÜBERHAUPT VERDAUEN?

Ja. Voraussetzung ist allerdings, dass die harten Pollenhöschen, die wir in getrockneter Form kaufen können, zuvor zerkleinert werden. Am besten gelingt dies durch kurzes Einweichen zum Beispiel in Milch oder Joghurt, so weichen die Höschen auf und zerfallen einfach.

BIENENWACHS – DAS DUFTENDE LICHT

Früher war Bienenwachs so wertvoll, dass sich nur die Reichen eine Beleuchtung mit Wachskerzen und -fackeln leisten konnten. Heute schenkt Bienenwachs uns allen sanftes Licht, Weihnachtsstimmung und Geburtstagsfreude.

Bienenwachs entsteht in den Wachsdrüsen der Honigbienen. Vier Paar davon befinden sich an deren Bauchseiten. Dort wird flüssiges Wachs „geschwitzt“, das zu kleinen, weißen, durchscheinenden Wachsplättchen erstarrt. Die gelbe Farbe erhält das Bienenwachs, weil ihm die Bienen Blütenpollen und Propolis unterkneten. Damit das Wachs schön geschmeidig wird, mischen sie Sekrete der Mandibeldrüsen zu. Deshalb ist Bienenwachs ein hoch komplexes Gemisch, das aus über 300 verschiedenen Komponenten besteht. Wichtige Bestandteile sind Glyceride, langkettige Ester, Fettsäuren und Alkohole sowie Kohlenwasserstoffe. Cerin zum Beispiel, dessen Name vom latainischen Wort für Wachs (cera) stammt, ist ein Gemisch aus zwei Fettsäuren, der Ceritinsäure und der Melissinsäure.

FÜR DUFT UND KOSMETIK Über 50 aromarelevante Inhaltsstoffe geben dem Wachs seinen herrlichen Duft. Deswegen wird es gerne zum Beispiel in der Kosmetik benutzt. Reines Bienenwachs ist das einzige Bienenprodukt, auf das wir Menschen keine Allergien entwickeln. Das gilt aber nur, wenn das Wachs rein ist. Aus diesem Grund wird das in der Kosmetikindustrie eingesetzte Bienenwachs gereinigt und als weißes Bienenwachs *Cera alba* vor allem bei der Creme- und Salbenproduktion verwendet. Durch seine speziellen Eigenschaften hilft es, wässrige und ölige Substanzen miteinander zu verbinden und wirkt dabei pflegend und schützend für die Haut.

BIENENWACHS AUF SÜSSIGKEITEN
Auch in der Lebensmittelindustrie werden große Mengen an Bienenwachs gebraucht: Gummibärchen und Fruchtgummis sind mit einer sehr dünnen Wachsschicht überzogen, die das Zusammenkleben der Süßigkeiten verhindert. Auf diese Art und Weise wird das Wachs einfach gegessen.

Bienenwachs – wertvoller Baustoff, den die Bienen selbst produzieren.

PROPOLIS – EINE SCHÜTZENDE BARRIERE

Propolis ist geschmeidig und wasserabweisend. Deshalb verwenden es die Bienen als Kittharz und als Baustoff. Sie kleben damit die Ritzen im Stock zu und schützen sich so vor Kälte und Nässe.

Die Bienen sammeln Harze und Pflanzensekrete (bei uns vor allem von Pappeln) und mischen sie mit Wachs und Blütenpollen. Es entsteht eine dunkelgelbe bis braune, harzige Substanz, die einen unverkennbar intensiven, würzigen Geruch verströmt: Propolis.

Mit ihm dichten die Bienen die Ritzen in ihrem Stock ab. Sie benutzen es aber auch zum Bauen und zur Befestigung von Rähmchen und Beuten (Bienenwohnungen). Auch das Innerere der gesamten Behausung wird mit einem dünnen Propolisfilm überzogen.

TÄGLICH IST ZU VIEL DES GUTEN
Propolis kann Kontaktallergien auslösen. Deswegen ist es nicht ratsam, Propolis täglich einzunehmen. Dabei findet sich Propolis oft in Pflegeprodukten des täglichen Bedarfs, wie zum Beispiel in Lippenpflegestiften. Ich empfehle die tägliche Anwendung aber nicht, um das Auftreten einer Allergie nicht zu fördern.

DESINFIZIERT UND KONSERVIERT Im Propolis stecken viele Pflanzenstoffe, vor allem Flavonoide, Phenole, aromatische Säuren und Ester. Dadurch wirkt Propolis antibiotisch, desinfizierend und konservierend. Diese Eigenschaften wussten übrigens bereits die alten Ägypter zu schätzen. Sie benutzten Propolis zum Einbalsamieren ihrer Toten. Bereits seit der Antike ist der medizinische Einsatz von Propolis bekannt. Der griechischen Arzt Dioskurides (etwa 40–90 n. Chr.) strich Propolis auf schlecht heilende Wunden. Auch die Inkas behandelten Verletzungen mit Propolis.

Propolis hat eine schmerzstillende Wirkung und ist nahezu wasserunlöslich. Daher eignet es sich besonders gut zur Desinfektion des Mund- und Rachenraumes.

Propolis besteht aus Pflanzenharzen, das von den Bienen mit Bienenwachs und Blütenpollen gemischt wird.

BIENENGIFT – WEHRHAFT UND WIRKSAM

Die Menge, die die Biene in der Giftblase bei sich hat, ist nur für kleine Angreifer ausgelegt, nicht für Menschen. Zwar tut jeder Stich weh, aber er ist nicht gefährlich – wenn Sie keine Allergie gegen Bienengift haben.

Die Biene produziert ihr Gift in zwei Drüsen im Hinterleib und sammelt es in der Giftblase. Es handelt sich um ein Gemisch, dessen Trockenmasse zu etwa 80 % aus Eiweißen besteht.
Es sind diese Eiweiße, die bei Menschen eine so starke Reaktion hervorrufen, dass Stiche erst schmerzen und dann noch lange jucken. Die Giftmenge, die eine Biene austeilen kann, schadet den Menschen normalerweise nicht.
Für Menschen sind *Bienenstiche* nur im Mund oder Rachenraum gefährlich, wo es zu Schwellungen in den Atemwegen und dadurch zu *Atemnot* kommen kann. Eine Rötung und auch eine starke Schwellung um die Einstichstelle ist eine ganz normale Reaktion des Körpers, die Sie nicht weiter beunruhigen muss. Kühlung lindert den Schmerz und die Schwellung ist im Normalfall nach zwei bis drei Tagen abgeklungen.
Manche Menschen reagieren auf Bienenstiche mit Rektionen fernab der Einstichstelle oder Schockreaktionen wie zum Beispiel Juckreiz am Körper, Atemnot oder Kreislaufproblemen. Diese gefährlichen Überreaktionen des Organismus zeigen: Diese Menschen haben eine *Allergie* gegen Bienengift entwickelt und müssen nach einem Stich am besten sofort zum Arzt. Allerdings gibt es ein Mittel gegen diese Allergie: Eine Hyposensibilisierung *(subkutane Immuntherapie)* unter ärztlicher Kontrolle ist oft erfolgreich.

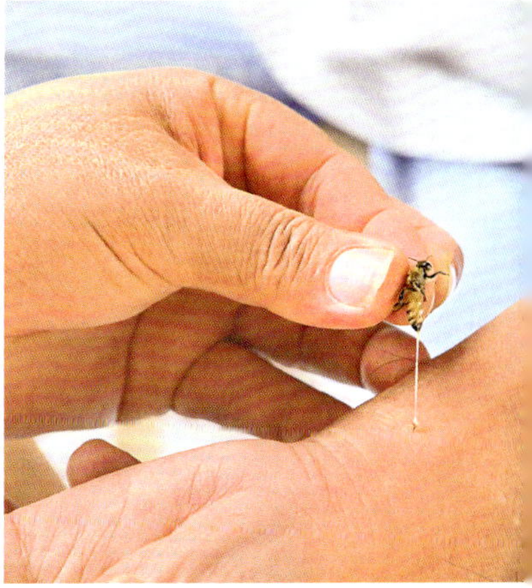

Bienengift hilft bei Gelenkbeschwerden und fördert die Durchblutung.

EIN GIFT, DAS HILFT Dennoch wird heute mehr Menschen durch Bienengift, etwa in Medikamenten, geholfen als dadurch zu Schaden kommen. Denn Bienengift hat zum Beispiel eine stark durchblutungsfördernde Wirkung. Außerdem schüttet der Körper als Reaktion auf das Gift Cortisol aus den Nebennierenrinden aus. Dadurch wirkt Bienengift entzündungshemmend bei vielen rheumatischen Beschwerden. *Bienengiftsalben* dienen der Behandlung von entzündlichen Gelenkerkrankungen, Prellungen und Verstauchungen. Sie steigern die Durchblutung der Haut und der Muskeln sehr stark. Dadurch wird der Stoffwechsel in den betroffenen Stellen angeregt und Stoffwechselprodukte der Muskulatur und Gelenke werden schneller abgebaut. Sie können Bienengiftsalbe in der Apotheke oder im Versandhandel kaufen. Nicht bei Bienengiftallergie verwenden!

SCHÖNHEIT UND PFLEGE

BIENENPRODUKTE IN DER KÖRPERPFLEGE

Der Klassiker für Körperpflegeprodukte ist hier natürlich Honig. Doch auch Gelée Royale, Wachs und Propolis wirken Wunder und lassen sich in jeder Küche zu Wellness- und Schönheitsprodukten verwandeln.

Nicht nur Cremes und Lotionen, Pflege-, Reinigungsmittel und Bäder profitieren vom Honig. Er wirkt auch pur als Intensivpflege auf der Haut.
Seine reichhaltigen Inhaltsstoffe ernähren die Haut. Sie wirken beruhigend und antibiotisch und helfen deshalb hervorragend bei Hautunreinheiten. Unvermischt angewendet lindert Honig trockene, schuppige Hautstellen und macht Haut und Haare geschmeidig.

Kosmetik mit Bienenprodukten – vielfach verwendet.

Nicht nur Honig lässt sich in wirksame und wohltuende Pflegeprodukte verwandeln. Auch das Gelée Royale ist wegen seiner Inhaltsstoffe begehrt. Es wird hauptsächlich als *„Kosmetik von Innen“* in Ampullen oder Dragees angeboten. Bienenwachs und Propolis finden vielseitige Verwendung in der Salben- und Cremeproduktion.

PFLEGENDE SALBEN

Für eine pflegende Nachtcreme oder eine duftende Körperbutter kann man ein Vermögen ausgeben. Doch das ist gar nicht nötig: Wer selber Salben macht, spart viel Geld – und weiß genau, was er auf sein Gesicht streicht.

Während Cremes aus einer Mischung aus Wasser und Fett zusammengerührt sind besteht die Grundlage einer Salbe ausschließlich aus reinem Fett. Salben sind daher einfach herzustellen und gelingen (fast) immer. Sie müssen nur die verschiedenen Wachse, Fette und Öle miteinander verschmelzen und Sie sind so gut wie fertig. Dann müssen Sie nur noch die pflegenden und duftenden Zusätze beimengen, die Salbe abfüllen und wieder erkalten lassen.
Salben eignen sich für reichhaltige Nachtcremes, wirkungsvolle Körperbutter oder auch für Heilsalben und Fettstifte.
Weil kein Wasser enthalten ist, ist eine Salbe nicht anfällig für Schimmel. Deshalb muss sie auch nicht konserviert werden.
Ein Problem gibt es aber: Das Fett kann ranzig werden. Bewahren Sie Ihre Salben daher dunkel und kühl auf. Dann haben Sie lange Freude daran.

KÜHL GELAGERT HÄLT LÄNGER Ihre Salbe ist so lange haltbar, wie die verwendeten Grundstoffe. Achten Sie deswegen beim Einkauf auf das Haltbarkeitsdatum der Fette und Öle. Bewahren Sie die Salben kühl, dunkel und gut verschlossen auf, das hält sie am längsten frisch.

Salbenmischung maßgeschneidert Generell können Sie *alle Fette und Öle* zur Salbenherstellung verwenden, das liegt ganz an Ihnen. Ich bevorzuge jedoch Pflanzenöle. Eine Liste mit einer kurzen Beschreibung der am häufigsten zur Salben- und Cremeherstellung verwendeten Basisöle und Fette finden Sie auf Seite 112.
Die Bezeichnung *„trocknendes“ Öl* beschreibt hierbei ein Öl, das nach dem Auftragen schnell in die Haut einzieht und ein trockenes Gefühl erzeugt. Im Gegensatz dazu hinterlässt ein *„nicht trocknendes“ Öl* ein etwas fettendes, glänzendes aber auch geschmeidiges Gefühl auf der Haut. Natürlich gibt es auch Varianten dazwischen.
Welche Fette und Öle Sie verwenden, hängt im Wesentlichen von zwei Faktoren ab: dem Verwendungszweck und Ihrem Hauttyp.

GESCHENKTIPP
Hübsche Verpackungen machen Ihre selbst gemachte Kosmetik zu netten, persönlichen Geschenken. Denn wer freut sich nicht über ein Lavendelbad, mit einer Lavendelblüte verziert? Oder über eine Pflegebutter in einem hübschen Glastiegel?

Wenn Sie zum Beispiel zu sehr fettiger Haut neigen, werden Sie bei einer Tagescreme bevorzugt zu „trocknenden“ Ölen greifen. Wenn Sie ein Pflegemittel für die Nacht benötigen, darf es ruhig etwas „gehaltvoller“ sein. Ein „nicht trocknendes“ Öl passt hier dazu. Der Zusatz von Bienenwachs verbessert die Konsistenz der Salben und sorgt dafür, dass die Salbe geschmeidig und für die Haut pflegend ist.

SALBENHERSTELLUNG SCHRITT FÜR SCHRITT

1. **Öle und Fette** in ein sauberes, dicht verschließbares Gefäß geben. Besonders gut eignen sich Marmeladengläser.

2. **Schmelzen** im Wasserbad bei 60–70 °C Achtung: Nicht zu heiß werden lassen. Besonders Kakaobutter und Sheabutter nur ganz kurz erwärmen. Diese Fette am besten erst zugeben, wenn die anderen Fette schon geschmolzen sind. Dann nur noch in der heißen Fettphase kurz schmelzen lassen.

3. **Zusätze unterrühren** Je nach Rezept ätherische Öle und pflegende Zusätze beifügen. Vitamin E wirkt besonders antioxidativ und verhindert, dass das Fett der Salbe schnell verdirbt. Eine Beschreibung der in diesem Buch verwendeten Zusätze gibt es auf Seite 128.

4. **Salbe abfüllen** Richtige Gefäße sind wichtig: Sauerstoff und Licht lassen die Salben mit der Zeit ranzig werden. Daher keine zu großen Gefäße verwenden, damit der Luftraum über dem Produkt möglichst klein ist. Die Salbe hält länger, wenn das Gefäß nicht lichtdurchlässig ist.

5. **Erkalten lassen** Kakaobutter schnell erkalten lassen, sonst wird die Salbe oder Body-Butter krisselig. Pflegeprodukte mit Kakaobutter nach dem Vermischen also kurz in den Kühlschrank oder noch besser in die Gefriertruhe stellen. Alle anderen Salben können bei Zimmertemperatur abkühlen.

WAAGE UND THERMOMETER
Die Zusätze werden in sehr kleinen Mengen zugegeben. Zur Salben- und Cremeherstellung benötigen Sie daher eine genaue Waage, wie zum Beispiel eine Brief- oder Analysenwaage. Zur Temperaturkontrolle eignet sich am besten ein Wasserbad mit Temperaturregelung. Jedes Thermometer mit einer Messeinteilung bis 100 °C wie zum Beispiel ein Tee- oder Bratenthermometer, mit denen Sie direkt die Temperatur der Creme messen können, ist aber auch geeignet.

Mangopflegebutter mit Bienenwachs

BASISREZEPT FÜR SALBEN

für 140 g

100 g Olivenöl
20 g Sheabutter
18 g Bienenwachs
2 g Vitamin E-Acetat
14 Tr. Aromaöl

SO GEHT'S

- Olivenöl und Bienenwachs im Wasserbad schmelzen (60–70 °C).
- Sheabutter zugeben und alles zusammen vollends im Wasserbad schmelzen (60–70 °C).
- Vitamin E-Acetat und Aromaöl unterrühren.
- Abfüllen und erkalten lassen.

MANGOPFLEGEBUTTER MIT BIENENWACHS

Bodybutter für jeden Tag
für etwa 250 g

70 g Kokosöl
25 g Bienenwachs
50 g Mangobutter
50 g Jojobaöl
50 g Kakaobutter
3-5 Tropfen Sanddornfruchtfleischöl (oder Karottenöl)
3 g Vitamin E-Acetat
20 Tr. Aromaöl (z. B. Mango)

SO GEHT'S

- Kokosöl, Bienenwachs, Mangobutter und Jojobaöl zusammen im Wasserbad schmelzen (60–70 °C).
- Kakaobutter zugeben und alles zusammen vollends im Wasserbad schmelzen (60–70 °C).
- Sanddornfruchtfleischöl (oder Karottenöl), Vitamin E-Acetat und Aromaöl einrühren.
- Abfüllen.
- Schnell im Gefrier- oder Kühlschrank erkalten lassen.

GUT ZU WISSEN

Diese feine Körperbutter eignet sich hervorragend für den täglichen Gebrauch. Sie ist aber auch ein sehr persönliches Geschenk. Bei dieser Mangopflegebutter wird als Aromaöl „Mango" verwendet. Hier handelt es sich um ein Lebensmittelaroma. Wenn Sie stattdessen lieber ein rein ätherisches Öl verwenden möchten, können Sie Orange oder Grapefruit unterrühren. Das Sanddornfruchtfleischöl (alternativ auch Karottenöl) dient vor allem zum Anfärben, da jeder automatisch eine gelbe Farbe mit „Mango" verbindet. Mangobutter wird allerdings aus dem Kern der Mango gewonnen und ist daher weiß. Das färbende Öl können Sie auch weglassen.

DÜFTE GANZ NACH BELIEBEN

Für eine Body-Butter eignen sich frische Düfte, wie etwa Limette, Zitronengras, Orange oder Grapefruit. Aber auch warme Düfte wie Vanille oder Kamille sind möglich. Sie können auch die beruhigende Wirkung von Lavendel oder die anregende Wirkung von Rosmarin nutzen. Lesen Sie hierzu einfach die kurze Beschreibung der verschiedenen Aromaöle auf Seite 122.

Stifthülsen erst zum Schluss bis zum Rand befüllen.

LIPPEN-PFLEGESTIFT MIT BIENENWACHS

für Wind und Wetter
für 20 Stifte

112 g Olivenöl
28 g Bienenwachs
20 Tr. Aromaöl (zum Beispiel Kamille römisch, Orange, Pfefferminze)

SO GEHT'S

- Olivenöl und Bienenwachs zusammen im Wasserbad schmelzen (60–70 °C).
- Aromaöl einrühren.
- In Stifthülsen füllen.

GUT ZU WISSEN

Ein selbst gemachter Lippen-Pflegestift macht die Lippen geschmeidig und schützt sie vor Austrocknung. Im Gegensatz zu manchen kommerziell gefertigten Produkten ruft der selbst gemachte Stift aber keine Abhängigkeit hervor. Das heißt, Sie müssen nicht immer mehr und mehr davon verwenden, sondern kommen mit wenigen Anwendungen aus. Besonders bei starker Sonneneinstrahlung, Wind oder Kälte kann der Pflegestift seine tolle Wirkung entfalten.

DAS FÜLLEN IN DIE HÜLSEN

Stifthülsen können Sie bei vielen Anbietern mit großen Preisunterschieden beziehen. (Bezugsquellen siehe Seite 137) Um die flüssige Mischung sauber in die Stifthülsen zu füllen, gehen Sie folgendermaßen vor:

- Beschaffen Sie sich ein *Holzbrett* oder eine Holzleiste und bohren Sie passende Löcher hinein. In die Löcher können Sie die leeren Stifthülsen stellen.
- Belassen Sie die Mischung während der gesamten Zeit im *Wasserbad,* damit sie flüssig bleibt.
- Vorsicht: Achten Sie darauf, dass kein Wasser in die Mischung tropft!
- Befüllen Sie die Stifthülsen bis knapp unter den Rand. Am besten eignet sich dafür eine *große Spritze.*
- Warten Sie, bis die Masse zu erstarren beginnt.
- Befüllen Sie nun sorgfältig jeden Stift mit einem Tropfen der noch warmen, flüssigen Mischung bis zum oberen Rand; so erhalten Sie eine schöne, glatte Oberfläche.
- In jede Stifthülse passen etwa 7 g.

DAS RICHTIGE MISCHUNGSVERHÄLTNIS

Olivenöle verhalten sich unterschiedlich. Wenn Sie bemerken, dass Ihr Stift mit dem von Ihnen verwendeten Olivenöl zu fest oder zu weich wird, müssen Sie den Bienenwachsanteil geringfügig reduzieren oder erhöhen. Wollen Sie ein anderes Öl verwenden, benötigen Sie ein anderes Mischungsverhältnis von Öl und Bienenwachs, das Sie durch Ausprobieren herausfinden können. Vermutlich werden Sie den Bienenwachsanteil bei den meisten anderen Ölen erhöhen müssen.

FEINE CREMES

Eine schöne Creme ist wie ein Tag Wellness für die Haut. Sie kann ganz leicht sein und die Haut nur ein wenig beduften. Sie kann aber auch reichhaltig sein und alles beinhalten, was Ihre Haut zur Erneuerung braucht.

Eine Creme besteht im Gegensatz zur Salbe aus einem Fettanteil und einem Wasseranteil. Dabei weiß jeder: Fett und Wasser lassen sich nicht mischen. Das funktioniert nur mit einem Emulgator, der aufgrund seiner chemischen Struktur sowohl mit Fett als auch mit Wasser mischbar ist und so für die Verbindung beider Stoffe sorgt. Mit der Hilfe des Emulgators lassen sich Fett- und Wassertröpfchen so fein miteinander mischen, dass die Emulsion stabil bleibt und sich die beiden Phasen nicht mehr voneinander trennen.

DIE KUNST, FETT UND WASSER ZU MISCHEN Es gibt zwei Arten von Emulsionen: Die eine ist die *Öl in Wasser-Emulsion* (O/W-Emulsion). Hierbei liegen die Öltröpfchen fein verteilt in der Wasserphase vor. Die andere heißt *Wasser in Öl-Emulsion* (W/O-Emulsion), in der die Wassertröpfchen in der Ölphase gelöst sind.
Bei der Herstellung ist eines wichtig: Alle fettlöslichen Zutaten (die sogenannte *Fettphase*) und alle wasserlöslichen Zutaten (die sogenannte *Wasserphase*) werden getrennt voneinander zusammengemischt und angewärmt. Immer aber wird die Wasser- in die Fettphase eingerührt, nie umgekehrt. Wenn Sie richtig abgemessen haben und beide Phasen die gleiche Temperatur haben, kann nichts schief gehen!

- **Fettphase:** Hier gelten dieselben Regeln, die bereits im Kapitel Salben (siehe Seite 39) beschrieben sind. Achten Sie bei der Auswahl der Zutaten auf Ihren Hauttyp und den Verwendungszweck Ihrer Creme.
- **Wasserphase:** Verwenden Sie entweder abgekochtes, destilliertes Wasser oder Blütenwasser. Es gibt mittlerweile viele verschiedene Blütenwasser im Handel. Die meisten haben einen intensiven Eigengeruch, so dass Sie in diesem Fall weniger oder gar kein Aromaöl zufügen müssen.
- **Emulgatoren:** Es gibt unzählige Emulgatoren mit unterschiedlichen Eigenschaften. Je nach gewünschter Art der Emulsion, dem Verhältnis von Fett- und Wasser, dem pH-Wert und der gewünschten Eigenschaft der Creme kommen entsprechende Emulgatoren zum Einsatz. Meistens werden einem Emulga-

DUFTENDE ÖLE
Ab Seite 122 finden Sie eine Liste der in diesem Buch verwendeten Aromaöle. Jedes von ihnen hat spezifische Eigenschaften, auf die Sie bei der Auswahl achten sollten. Nicht jedes Aromaöl ist gleich gut verträglich, manche können auch Allergien auslösen. In den Rezepten können Aroma- und ätherische Öle nach Wunsch ausgetauscht werden.

torengemisch sogenannte Co-Emulgatoren zugesetzt, die die Stabilität der Emulsion zusätzlich erhöhen. Ein solcher Co-Emulgator ist zum Beispiel das Bienenwachs.

- Bei meinen Creme-Rezepten müssen Sie sich über den Einsatz der passenden Emulgatoren keine Gedanken machen. Die Rezepte sind allesamt erprobt und funktionieren. Sollten Sie jedoch selbst Cremerezepte kreieren wollen, empfehle ich Ihnen, die auf Seite 137 aufgeführten Internetseiten sorgfältig zu lesen. Dort finden Sie auch Online-Rechner, die Ihnen helfen, die passenden Emulgatormengen zu berechnen.

Duftende Cremes einfach selbst hergestellt.

CREMEHERSTELLUNG SCHRITT FÜR SCHRITT

1. **Öle und Fette abwiegen** und mit den Emulgatoren in ein sauberes, dicht verschließbares Gefäß geben. Eine gute Waage verwenden, um präzise zu arbeiten.
2. **Entsprechende Menge der Wasserphase** zusammen mit Ethanol in ein weiteres sauberes, dicht verschließbares Gefäß geben. Vor dem Verwenden die Gerätschaften mit Alkohol desinfizieren. Das verlängert die Haltbarkeit der Creme.
3. **Beide Gläser in ein Wasserbad bei 60–70 °C stellen** und warten, bis die Fettphase geschmolzen ist und beide Phasen die gleiche Temperatur haben. Die Gläser immer wieder schütteln. Das Schmelzen der Fette geht dann schneller.
4. **Beide Gläser aus dem Wasserbad nehmen** und die Fettphase in ein Rührgefäß geben.
   Auch das Rührgefäß vorher gut reinigen.

5. **Die Wasserphase** nach und nach gründlich in die Fettphase rühren. Auf die richtige Reihenfolge achten! Immer das Wasser ins Fett rühren, nicht umgekehrt. Egal, ob eine Öl-in-Wasser- oder eine Wasser-in-Öl-Emulsion entsteht.
6. **So lange gründlich weiterrühren,** bis die Creme anfängt anzudicken. Ein elektrischer Mixstab ist hier hilfreich.
7. **Jetzt nur noch mit einem Löffel,** Rührlöffel oder Glasstab weiterrühren, um zu vermeiden, dass zu viel Luft in die Creme kommt. Ist die Creme zu schaumig geworden, über Nacht in den Kühlschrank stellen. Am nächsten Tag die Luft mit dem Rührlöffel vorsichtig wieder herausrühren.
8. **Wenn die Creme nur noch handwarm ist:** Zusätze unterrühren. Möglichst genau abwiegen. Es gibt eine Vielzahl verschiedener Zusätze. Die in meinen Rezepten empfohlenen Zusätze können jederzeit gegen andere Zusätze ausgetauscht werden.
9. **Abfüllen.** Ich fertige immer einen relativ großen Ansatz, das heißt, ich rühre immer eine relativ große Menge Creme an, weil ich nicht ständig Zeit finde, neue Cremes zu machen. Deswegen fülle ich die Creme in passende Töpfchen, die ich dann einfriere und nach Bedarf einzeln aus dem Gefrierschrank nehme.

Stichwort Haltbarkeit Da eine Creme auch Wasser enthält, kann sie von Mikroorganismen verdorben werden. Deswegen sollten Sie sie immer konservieren, das heißt ein Konservierungsmittel unterrühren. Wenn Sie darauf verzichten wollen, müssen Sie die Creme auf jeden Fall im Kühlschrank aufbewahren. Die Haltbarkeit ist aber auch dann nur relativ kurz (1–2 Wochen).
Es gibt verschiedene *Creme-Konservierer* im Handel, die allesamt nicht sehr empfehlenswert sind. Sie stehen im Verdacht, gesundheitsschädlich oder Allergie auslösend zu sein. Wenn Sie Ihre eigenen Cremes zusammenstellen wollen, empfehle ich Ihnen deshalb, mit 96-%igem, unvergälltem Ethanol (Alkohol, „*Weingeist*“) zu konservieren. Verwenden Sie dabei 12–15 % Alkohol auf die Wasserphase. Sollte der von Ihnen verwendete Alkohol weniger hochprozentig sein, müssen Sie die Wasserphase so weit reduzieren, bis insgesamt wieder 12–15 % Alkohol, bezogen auf die gesamte Wassermenge, in der fertigen Creme enthalten ist. Die Zugabe einer Messerspitze Hyaluronsäre verbessert die Gelbildung und wirkt hautstraffend und glättend.
Dadurch ist die Creme etwa 3 Monate haltbar. Ich stelle meine Creme aber trotzdem zur Sicherheit in den Kühlschrank. Achten Sie beim Einkauf auch auf das Haltbarkeitsdatum der Rohstoffe.

HANDCREME MIT PROPOLIS

bei rauen, rissigen Händen
für etwa 260 g

40 g Traubenkernöl
12 g Lamecreme
12 g Cetylalkohol
8 g Fluidlecithin Super
160 g Hamameliswasser
30 Tr. Propolislösung
2 g D-Panthenol
1 g Alpha-Bisabolol
1 g Vitamin E-Acetat
6 Tr. Aromaöl (z. B. Litsea cubeba)
1 Msp Hyaluronsäure
20 g Ethanol

SO GEHT'S

- Traubenkernöl, Lamecreme, Cetylalkohol und Fluidlecithin Super zusammen im Wasserbad schmelzen (60–70 °C).
- 160 g Hamameliswasser zusammen mit Ethanol und Hyaluronsäure ebenfalls im Wasserbad erwärmen und schrittweise mit dem Mixstab in die Fettphase einarbeiten.
- Mit dem Rührlöffel rühren, bis die Creme nur noch handwarm ist.
- Propolislösung, D-Panthenol, Alpha-Bisabolol, Vitamin E-Acetat und Aromaöl einrühren.
- Abfüllen.

GUT ZU WISSEN

Als Basisöl dient hier das Traubenkernöl. Es ist ein „trocknendes“ Öl, das Sie auch durch Distelöl oder Sonnenblumenöl ersetzen können. Traubenkernöl wirkt allerdings sehr gut gegen Verhornungen und ist daher besonders gut für Hand- und Fußcremes geeignet. Die Beschreibung der Zutaten finden Sie auf Seite 112. Obwohl ich davor warne, Propoliskosmetik täglich zu verwenden, gibt es im Handel ein vielfältiges Angebot. Dennoch: Nutzen Sie die Handcreme nicht zu oft. Ich empfehle Ihnen die Anwendung dieser Handcreme besonders dann, wenn Sie einmal sehr raue, rissige Hände oder eingerissene Nagelhaut haben.

KAMILLEN-CREME MIT HONIG

reichhaltige Creme
bei trockener Haut
für etwa 200 g

20 g Babassuöl oder Kokosöl
10 g Lamecreme
8 g Emulsan
26 g Jojobaöl
12 g Sheabutter
100 g Kamillenwasser (oder destilliertes Waser)
5 g Honig
5 g Kamillenextrakt
2 g Kamillenenöl (Auszug)
2 g D-Panthenol
1 g Alpha-Bisabolol
1 g Vitamin E-Acetat
5 Tr. Kamillenöl, römisch
1 Msp Hyaluronsäure
12 g Ethanol

SO GEHT'S

- Babassuöl, Lamecreme, Emulsan und Jojobaöl zusammen im Wasserbad schmelzen (60–70 °C).
- Sheabutter zugeben und alles zusammen vollends im Wasserbad schmelzen (60–70 °C).
- Kamillenwasser (oder destilliertes Wasser) zusammen mit Ethanol und Hyaluronsäure ebenfalls im Wasserbad erwärmen und schrittweise mit dem Mixstab in die Fettphase einarbeiten.

Kamillen-Creme mit Honig

- Mit dem Rührlöffel rühren, bis die Creme handwarm ist.
- Honig, Kamillenextrakt, Kamillenöl (Auszug), D-Panthenol, Alpha-Bisabolol, Vitamin E-Acetat und römisches Kamillenöl einrühren.
- Abfüllen.

GUT ZU WISSEN

Diese Creme ist zwar durch den hohen Anteil an „nicht trocknenden" Ölen sehr gehaltvoll, zieht aber trotzdem gut ein. Sheabutter finden Sie auch als Karité im Handel. Sie erzeugt sehr stabile Emulsionen, sollte aber genau wie die Kakaobutter nicht stark erhitzt werden. Deswegen wird sie erst zur Fettphase gegeben, wenn sich diese bereits gelöst hat und anschließend nur noch kurz erwärmt. Jojobaöl ist eigentlich aufgrund seiner chemischen Struktur kein Öl, sondern ein Wachs und fungiert wie Bienenwachs als Co-Emulgator.

MEIN TIPP:

Diese Creme gelingt sehr gut und ist für Einsteiger gut geeignet. Lassen Sie sich nicht verwirren, wenn es relativ lange dauert, bis die Creme anfängt anzudicken. Das geschieht bei dieser Creme erst, wenn sie schon recht gut abgekühlt ist, kommt dann aber fast schlagartig. Um die Abkühlung zu beschleunigen, können Sie das Rührgefäß in ein kühles Wasserbad stellen.

SICH SELBST GUT RIECHEN KÖNNEN
Gesichtscremes sollten Sie nur vorsichtig beduften. Deswegen lieber ein Tröpfchen Aromaöl zu wenig als zu viel einrühren. Sollten Sie einmal eine Creme zu stark aromatisiert haben, können Sie sie immer noch, bevor Sie sie wegwerfen, als Badezusatz verwenden.

MANDEL-ORANGEN-MILCH MIT HONIG

Bodylotion für trockene Haut
für etwa 225 g

30 g Mandelöl
7 g Emulsan
2 g Cetylalkohol
1 g Bienenwachs
4 g Sheabutter
140 g Neroliwasser (oder destilliertes Wasser)
8 g Harnstoff
2 g Lysolecithin
8 g Honig
2 g Calendulaextrakt
1 g D-Panthenol
1 g Alpha-Bisabolol
1 g Vitamin E-Acetat
0,5 g Meristemextrakt
15 Tr. Aromaöl (z. B. Orangenöl, süß, oder Orangenblütenöl)
20 g Ethanol

SO GEHT'S

- Mandelöl, Emulsan, Cetylalkohol und Bienenwachs zusammen im Wasserbad schmelzen (60–70 °C).
- Sheabutter zugeben und alles zusammen vollends im Wasserbad schmelzen (60–70 °C).
- 140 g Neroliwasser (oder destilliertes Wasser) mit Ethanol, Harnstoff und Lysolecithin mischen und ebenfalls im Wasserbad erwärmen, dann mit dem Mixstab schrittweise in die Fettphase einarbeiten.
- Mit dem Rührlöffel rühren, bis die Creme handwarm ist.
- Honig, Calendulaextrakt, D-Panthenol, Alpha-Bisabolol, Vitamin E-Acetat, Meristemextrakt und Aromaöl einrühren.
- Abfüllen.

GUT ZU WISSEN
Bei einer Body-Lotion ist der Wasseranteil viel höher als der Fettanteil. Der Emulgator Lysolecithin eignet sich hierfür besonders gut. Er kann sowohl in der Fett- als auch in der Wasserphase gelöst werden. Allerdings hat er einen etwas seltsamen Geruch. Aus diesem Grund verwende ich ihn nicht für Gesichtscremes, sondern nur für Körpercremes, die stärker beduftet werden können. Alternativ können Sie auch das etwas teurere Fluidlecithin Super verwenden. Der Harnstoff, den ich in diesem Rezept verwende, dient vor allem bei trockener, schuppiger Haut dazu, die Verhornungen abzulösen. Deshalb wird er oft auch in Hornhautcremes verarbeitet. Orangenblütenwasser wird im Handel auch als Neroliwasser bezeichnet.

MEIN TIPP:
Wenn Sie Probleme mit Nuss-Allergien haben: Auch die Mandel ist eine Nuss! Deswegen bei Mandelöl vorsichtig sein. Das gilt natürlich auch bei Aprikosen- oder Pfirsichkernöl. Sie können stattdessen Hanf- oder Wildrosenöl verwenden.

NATURSHAMPOOS

Honig-Vanille, Honig-Ingwer, Honig-Rosmarin. Schon der Duft verströmt Wohlgenuss. Und dann noch die Wirkung aufs Haar! Ein Honig-Shampoo lässt sich sehr einfach selbst komponieren.

Da natürliches Honigaroma sehr teuer ist, wird bei der kommerziellen Herstellung von Honig-Shampoo meistens ein *synthetischer Honiggeruch* zugesetzt. Deshalb riechen Honig-Shampoos aus dem Handel oft sehr stark und manchmal auch recht penetrant. Stellen Sie sich einfach selbst ein Honig-Shampoo her, das nicht diesen typisch, synthetischen Honiggeruch aufweist. Viel Erfolg!

SHAMPOOHERSTELLUNG SCHRITT FÜR SCHRITT

1. **Die gewünschte Wasserphase und Kosmetisches Basiswasser** in ein Rührgefäß geben und zum Einstellen des pH-Werts das Zitronensäure-Pulver gut darin lösen. Die einfachste und preiswerteste Wasserphase für Shampoos ist Wasser. Für mehr Luxus: als Wasserphase einen Tee aus Kamillen- oder Lindenblüten verwenden, möglich sind auch Schwarz- oder Roibostee, Brennnessel-, Birkenrinden- oder Ringelblumenaufguss. Auch Bier eignet sich hervorragend.
2. **Vorsichtig die abgewogene Menge Xanthan** als kleines Häufchen in die Mitte der Flüssigkeit schütten und anschließend sehr gut mit dem Mixstab einrühren. Xanthan ist ein sehr leichtes, staubendes Pulver, deswegen nicht schwungvoll in die Flüssigkeit schütten. Dieser Vielfachzucker muss nicht erwärmt werden, um zu verdicken. Er wird auch von der Lebensmittelindustrie genutzt.
3. **Zusätze und Aromaöl mit dem Mixstab einrühren.** Als Zusätze können die Produkte zum Verwöhnen wählen: Neben Honig sind viele Shampoozusätze erhältlich, wie zum Beispiel D-Panthenol, Alpha-Bisabolol und Seidenprotein zur Haut- und Haarpflege, Rosskastanien- oder Kamillenextrakt zur Farbpflege oder Bioschwefel und Birkenextrakt gegen Schuppen. Als Aromaöl empfiehlt sich etwas Frisches, wie zum Beispiel Orangen-, Limetten- oder Grapefruitöl. Auch Lavendel- oder Rosmarinöl sind sehr gut geeignet. Zur Rückfettung können auch noch 2-5 % Lamesoft zugegeben werden.
4. **Tensid mit dem Mixstab einrühren.** Tenside sind Waschgrundstoffe (Detergenzien). Es gibt Tenside natürlichen Ursprungs, wie zum Beispiel Seifen oder Waschnüsse, und synthetisch hergestellte Tenside. Eine einheitliche chemische Formel gibt es hierbei nicht. Man unterscheidet nichtionische, kationischen,

SIE HABEN DIE WAHL
Ein Honigshampoo ist einfach und schnell hergestellt. Ob Blütenwasser, Bier oder Tee und ganz egal welcher Duft Ihnen am besten gefällt, ein selbst gemachtes Shampoo ist ein Luxus, auf den Sie nicht verzichten sollten. Lassen Sie Ihrer Fantasie einfach freien Lauf.

WAS VON TENSIDEN
Die verschiedenen Tenside auf dem Markt unterscheiden sich weiterhin aufgrund des tatsächlichen prozentualen Anteils an waschaktiver Substanz WAS. Je nachdem wie hoch dieser bei unserem gewählten Tensid oder unserer Tensidmischung liegt, müssen wir die zuzugebende Tensidmenge so anpassen, dass unser Endprodukt etwa 12 -15 % WAS enthält.

HALTBARKEIT VON SHAMPOOS

Auch hier gilt, dass in die Wasserphase etwa 12-15% Ethanol gemischt werden sollte. Hierfür kann entweder 96 %-iger Ethanol oder "Kosmetisches Basiswasser" verwendet werden. Dieses besteht ebenfalls zu 96 % aus Ethanol, wurde jedoch vergällt und ist dadurch preisgünstiger.

anionischen und amphotere Tenside. Die verschiedenen Tenside auf dem Markt unterscheiden sich weiterhin aufgrund des tatsächlichen prozentualen Anteils an waschaktiver Substanz WAS. Je nachdem, wie hoch dieser bei unserem gewählten Tensid oder unserer Tensidmischung liegt, müssen wir die zuzugebende Tensidmenge so anpassen, dass unser Endprodukt etwa 12-15 % WAS enthält. Ich empfehle für das Honig-Shampoo entweder Decylglucosid (WAS 50) oder Coco Glucosid (WAS 50-55) oder Mischungen aus diesen. Beide haben einen ph-Wert von etwa 11,5–12,5, daher ist es wichtig, den pH-Wert des Endprodukts mit Milch- oder Zitronensäure auf 5,0 bis 5,5 einzustellen. Das ist in meinen Rezepten bereits berücksichtigt.

5. **Abfüllen.** Xanthan kann je nach Charge etwas stärker oder weniger stark andicken. Ist das Shampoo zu flüssig oder fest, noch etwas Xanthan oder Flüssigkeit hinzugeben. Direkt nach der Fertigstellung ist das Shampoo schaumig gerührt, aber bereits nach wenigen Tagen ist alle eingerührte Luft entwichen und das Shampoo hat die leicht glibberige Struktur der gekauften Shampoos.

Naturshampoo – ein sanfter, selbst gemachter Luxus.

BASISREZEPT FÜR SHAMPOOS

für etwa 480 g

240 ml Wasserphase
45 g Kosmetisches Basiswasser
1,5 g Zitronensäure-Pulver
5 g Xanthan
4 g D-Panthenol
40 g flüssiger Honig
weitere Zusätze und Aromaöl nach Belieben
150 g Tensid WAS 50

SO GEHT'S

- Wasserphase zusammen mit Kosmetischem Basiswasser und Zitronensäure-Pulver mischen und Xanthan mit dem Mixstab gründlich einarbeiten.
- D-Panthenol, Honig, Zusätze und Aromaöl untermischen.
- Tensid vorsichtig mit dem Mixstab untermischen.

DEN DUFT INS WASSER BRINGEN
Als Wasserphase wird im Rosmarin-Shampoo ein Aufguss frischen Rosmarins verwendet. Aufguss ist nur ein anderer Ausdruck für einen Tee. Um ihn herzustellen, übergießen Sie also die Pflanzen, deren ätherische Öle Sie nutzen wollen, mit heißem Wasser. Nach einiger Zeit seihen Sie die Pflanzen ab, die duftende Flüssigkeit können Sie als Wasserphase verwenden.

ROSMARIN-HONIG-SHAMPOO

bei Schuppen
für etwa 500 g

240 ml Aufguss von frischem Rosmarin
5 g Xanthan
45 g Kosmetisches Basiswasser
1,5 g Zitronensäure-Pulver
4 g D-Panthenol
40 g flüssiger Honig
150 g Tensid WAS 50

ZUSÄTZE
2 g Seidenprotein
2 g Birkenextrakt
1 g Bioschwefel
10 g Lamesoft
1 g Alpha-Bisabolol
1 g Vitamin A-Palmitat
10 Tr. Karottensamenöl

AROMAÖL
20 Tr. Rosmarinol

SO GEHT'S
- Rosmarinwasser zusammen mit Kosmetischem Basiswasser und Zitronensäure-Pulver mischen und Xanthan mit dem Mixstab gründlich einarbeiten.
- D-Panthenol, Honig, Lamesoft, Zusätze und Rosmarinöl ebenfalls untermischen.
- Tensid vorsichtig mit dem Mixstab untermischen.

HONIG-BIERSHAMPOO

bei schnell fettendem Haar
für etwa 500 g

240 ml Bier
5 g Xanthan
45 g Kosmetisches Basiswasser
1,5 g Zitronensäure-Pulver
4 g D-Panthenol
40 g flüssiger Honig
150 g Tensid WAS 50

ZUSÄTZE
4 g Hamamelisextrakt
2 g Seidenprotein
1 g Alpha-Bisabolol
10 g Lamesoft
1 g Vitamin E-Acetat

AROMAÖL
20 Tr. Grapefruitöl

SO GEHT'S
- Bier zusammen mit Kosmetischem Basiswasser und Zitronensäure-Pulver mischen und Xanthan mit dem Mixstab gründlich einarbeiten.
- D-Panthenol, Honig, Lamesoft, Zusätze und Grapefruitöl ebenfalls mit dem Mixstab untermischen.
- Tensid vorsichtig mit dem Mixstab untermischen.

HONIG-KAMILLEN-SHAMPOO

für jeden Tag
für etwa 500 g

240 ml Kamillentee
5 g Xanthan
45 g Kosmetisches Basiswasser
1,5 g Zitronensäure-Pulver
4 g D-Panthenol
40 g flüssiger Honig
150 g Tensid WAS 50

ZUSÄTZE
2 g Kamillenextrakt
2 g Seidenprotein
1 g Alpha-Bisabolol
10 g Lamesoft
1 g Vitamin E-Acetat
1 g Vitamin A-Palmitat

AROMAÖL
10 Tr. Vanilleöl oder 20 Tr. Kamillenöl, römisch

SO GEHT'S
- Kamillentee zusammen mit Kosmetischem Basiswasser und Zitronensäure-Pulver mischen und Xanthan mit dem Mixstab gründlich einarbeiten.
- D-Panthenol, Honig, Lamesoft, Zusätze und Aromaöl ebenfalls mit dem Mixstab untermischen.
- Tensid vorsichtig mit dem Mixstab untermischen.

SANFTE DUSCHGELE

Ein Duschgel mit Honig ist mild und pflegend und reinigt doch gut und gründlich. Und es duftet wie ein warmer Sommertag. Da ist eine Dusche fast so schön wie ein ganzer Tag Wellness im Hotel.

Bei Duschgelen handelt es sich, ähnlich wie die Cremes, um Emulsionen, da wir ihnen auch pflegende Öle zugegeben. Deswegen empfehle ich den Einsatz eines Konservierungsmittels, das verlängert die Haltbarkeit. Hier eignet sich besonders Rokonsal™ BSB-N, das erst bei pH-Werten unter 5 seine volle Wirkung entfalten kann. Zitronensäure und Honig sorgen für eine Absenkung des pH-Werts.

DUSCHGELHERSTELLUNG SCHRITT FÜR SCHRITT

1. **Die gewünschte Wasserphase** mit Glycerin und Zitronensäure in einem Rührgefäß mischen.
   Glycerin schützt die Haut vor Austrocknung durch Tenside. Es wird besonders bei Präparaten für trockene, feuchtigkeitsarme Haut eingesetzt.
2. **Vorsichtig die abgewogene Menge Xanthan** als kleines Häufchen in die Mitte der Flüssigkeit schütten und anschließend sehr gut mit dem Mixstab einrühren.
3. **In einem separaten Gefäß** das gewünschte Öl mit dem Emulgator mischen.
4. **Das Öl-Emulgator-Gemisch** gründlich mit dem Mixstab in die Basislösung einarbeiten.
5. **Zusätze und Aromaöl einrühren.** Als Zusatz eignet sich alles, was pflegt, wie zum Beispiel Honig. Auch D-Panthenol ist sehr hautpflegend, es findet sich daher in fast allen Pflegemitteln. Alpha-Bisabolol, Aloe Vera und Seidenprotein eignen sich ebenfalls zur Hautpflege. Als Aromaöle passen auch hier zitronige Düfte wie Orangen- oder Zitronengrasöl, aber auch Lavendel- oder Palmarosaöl.
6. **Konservieren.** Für Reinigungskosmetik reichen etwa 0,2 % des Konservierers Rokonsal™ BSB-N im Endprodukt. Dieser Konservierer ist normalerweise gut verträglich und gilt in dieser niedrigen Einsatzkonzentration als unbedenklich.
7. **Tensid** mit dem Mixstab einrühren.

GUT GEREINIGT IST HALB GEPFLEGT

Die Beschaffenheit Ihrer Reinigungskosmetik ist besonders wichtig für die Funktionsfähigkeit Ihrer Haut und Kopfhaut. Für unsere Reinigungskosmetik verwenden wir in erster Linie Honig als wertvollen Zusatz. Er wirkt pflegend und sorgt für einen stabilen pH-Wert. Außerdem hat er reinigende Wirkung auf Haut und Haare.

BASISREZEPT FÜR DUSCHGELE

für etwa 470 g

240 ml Wasserphase
1,5 g Zitronensäure-Pulver
15 g Glycerin
5 g Xanthan
15 g Mandelöl (oder Macadamianussöl)
5 g Lysolecithin
4 g D-Panthenol
40 g flüssiger Honig
weitere Zusätze und ätherisches Öl nach Belieben
1 g Rokonsal™ BSB-N
150 g Tensid WAS 50

SO GEHT'S

- 240 ml Wasser, Zitronensäure-Pulver und Glycerin in einem Rührgefäß vermischen.
- Xanthan mit dem Mixstab gründlich untermischen.
- Mandelöl und Lysolecithin gut verrühren und mit dem Mixstab in das Duschgel einarbeiten.
- D-Panthenol, flüssigen Honig, Zusätze und ätherisches Öl ebenfalls mit dem Mixstab untermischen.
- Rokonsal™ BSB N gut ein arbeiten.
- Tensid vorsichtig mit dem Mixstab untermischen.

HONIG-ERFRISCHUNGS-DUSCHGEL

anregend und durchblutungsfördernd
für etwa 470 g

240 ml Pfefferminztee
1,5 g Zitronensäure-Pulver
15 g Glycerin
5 g Xanthan
15 g Mandelöl (oder Macadamianussöl)
5 g Lysolecithin
4 g D-Panthenol
40 g flüssiger Honig
weitere Zusätze und ätherisches Öl nach Belieben
1 g Rokonsal™ BSB-N
150 g Tensid WAS 50

ZUSÄTZE

4 g Hamamelisextrakt
1 g Vitamin E-Acetat

AROMAÖL

20 Tr. Pfefferminzöl

SO GEHT'S

- 240 ml Pfefferminztee (als Basiswasser), Zitronensäure-Pulver und Glycerin in einem Rührgefäß vermischen.
- Xanthan mit dem Mixstab gründlich untermischen.
- Mandelöl und Lysolecithin gut verrühren und mit dem Mixstab in das Duschgel einarbeiten.
- D-Panthenol, flüssigen Honig, Zusätze und ätherisches Öl ebenfalls mit dem Mixstab untermischen.
- Rokonsal™ BSB-N gut einarbeiten.
- Tensid vorsichtig mit dem Mixstab untermischen.

Milde Duschgele pflegen die Haut.

HONIG-LAVENDEL-DUSCHGEL

zur Beruhigung
für etwa 470 g

240 ml Lavendelblütenaufguss oder Lavendelwasser
1,5 g Zitronensäure-Pulver
15 g Glycerin
5 g Xanthan
15 g Mandelöl (oder Macadamianussöl)
5 g Lysolecithin
4 g D-Panthenol
40 g flüssiger Honig
weitere Zusätze und ätherisches Öl nach Belieben
1 g Rokonsal™ BSB-N
150 g Tensid WAS 50

ZUSÄTZE

1 g Calendulaextrakt
1 g Vitamin E-Acetat

AROMAÖL

20 Tr. Lavendelöl

SO GEHT'S

- Lavendelaufguss oder Lavendelwasser, Zitronensäure-Pulver und Glycerin in Rührgefäß vermischen.
- Xanthan mit dem Mixstab gründlich untermischen.
- Mandelöl und Lysolecithin gut verrühren und mit dem Mixstab in das Duschgel einarbeiten.
- D-Panthenol, flüssigen Honig, Zusätze und ätherisches Öl ebenfalls mit dem Mixstab untermischen.
- Rokonsal™ BSB-N gut einarbeiten.
- Tensid vorsichtig mit dem Mixstab untermischen.

HONIG-LEMONGRAS-DUSCHGEL

für jeden Tag
für etwa 470 g

240 ml destilliertes Wasser
1,5 g Zitronensäure-Pulver
15 g Glycerin
5 g Xanthan
15 g Mandelöl (oder Macadamianussöl)
5 g Lysolecithin
4 g D-Panthenol
40 g flüssiger Honig
weitere Zusätze und ätherisches Öl nach Belieben
1 g Rokonsal™ BSB-N
150 g Tensid WAS 50

ZUSÄTZE

4 g Kamillenextrakt
1 g Vitamin E-Acetat

AROMAÖL

20 Tr. Zitronengrasöl

SO GEHT'S

- Destilliertes Wasser (als Basiswasser), Zitronensäure-Pulver und Glycerin in einem Rührgefäß vermischen.
- Xanthan mit dem Mixstab gründlich untermischen.
- Mandelöl und Lysolecithin gut verrühren und mit dem Mixstab in das Duschgel einarbeiten.
- D-Panthenol, flüssigen Honig, Zusätze und ätherisches Öl ebenfalls mit dem Mixstab untermischen.
- Rokonsal™ BSB-N gut einarbeiten.
- Tensid vorsichtig mit dem Mixstab untermischen.

DUFTENDE SEIFEN

Es ist wunderbar, sich mit seiner eigenen Honigseife zu pflegen. Allerdings ist ihre Herstellung nicht ganz einfach. Doch wenn Sie die Rezepte und Anweisungen genau befolgen, dann gelingt Ihnen Ihre Seife ganz leicht.

Wenn Sie sich näher mit der Seifenproduktion beschäftigen wollen, empfehle ich Ihnen die Internet-Seite „www.naturseife.com“. Dort finden Sie alle wichtigen Informationen und Tipps sowie weitere Rezepte und Anregungen. Ich werde Ihnen an dieser Stelle die verhältnismäßig einfache Herstellung von Seifekugeln beschreiben. Aber auch hierbei müssen Sie ein paar wichtige Sicherheitsmaßnahmen unbedingt einhalten.
Wiegen Sie die Zutaten genau ab, damit das Verhältnis von Lauge und Ölen stimmt. Nur so ist garantiert, dass Ihre Seife am Ende nicht zu alkalisch ist.
Besorgen Sie sich in der Apotheke oder beim Laborbedarfshandel Natronlauge (NaOH) in Festform als Pellets. Bereits gelöste flüssige Lauge kann nicht verwendet werden, da Sie die exakte Menge Natronlauge einwiegen müssen.
Schützen Sie Augen, Hände und Kleidung mit einer Brille, Gummihandschuhen und Arbeitskittel oder Arbeitskleidung.
Nehmen Sie sich Zeit, arbeiten Sie nicht hektisch und besorgen Sie für die Kinder eine Aufsicht. Am besten arbeiten Sie, wenn Sie alleine sind.

TIPPS FÜR ERSTE SEIFEN
Bitte achten Sie bei der Seifenherstellung unbedingt auf die nötigen Sicherheitsmaßnahmen. Lassen Sie sich nicht verunsichern, wenn es nicht auf Anhieb so gelingt, wie Sie es sich vorgestellt haben. Mit etwas Übung können auch Sie sich selbst und Ihren Lieben mit edlen Luxusseifen eine Freude machen.

SEIFENHERSTELLUNG SCHRITT FÜR SCHRITT

1. Handschuhe, Brille und Arbeitskleidung anziehen.
2. Genaue Menge destilliertes Wasser zur Vorbereitung der Natronlauge abwiegen und in eine verschließbare Flasche mit weitem Hals geben.
3. Exakte Menge Natronlauge-Pellets in einem Becherglas abwiegen.
4. Pellets in das Wasser geben und die Flasche verschließen.
5. Die Flasche sofort und so lange unter fließend kaltem Wasser schütteln, bis sich die Pellets aufgelöst haben und die Flüssigkeit wieder vollständig abgekühlt ist. Vorsicht! Die Natronlauge erwärmt sich beim Auflösen in Wasser stark.
6. Zwischendurch den entstehenden Druck durch kurzes Aufdrehen des Deckels am geöffneten Fenster entweichen lassen. Bei geöffnetem Fenster arbeiten. Entstehende Dämpfe nicht einatmen. Lauge nicht auf Haut und Augen bringen. Arbeitsgeräte sofort mit viel kaltem Wasser abwaschen.

7. **Flüssige Öle abwiegen** und in ein Gefäß geben.
8. **Feste Fette abwiegen** und in einen großen Edelstahltopf geben.
9. **Feste Fette bei geringer Temperatur** auf dem Herd schmelzen.
10. **Topf vom Herd nehmen,** flüssige Öle zugeben und mit einem Kochlöffel gut durchmischen.
11. **Sobald die Fette nur noch handwarm sind,** die vorbereitete Natronlauge in den Topf zu den Fetten schütten und alles mit einem Kochlöffel mischen.
12. **Masse mit dem Mixstab kurz durchmixen,** dann mit dem Kochlöffel weiterrühren.
13. **Das Mixen und das Rühren** so lange im Wechsel wiederholen, bis die Masse die Konsistenz von Vanillepudding annimmt.
14. Seifentopf mit einem Deckel schließen und für etwa 1 – 1½ Stunden bei 80–90 °C in den Backofen geben. Seife kann verbrennen, deswegen nicht zu heiß werden lassen. Für den Verseifungsprozess braucht es etwa 80–90 °C.
15. **Währenddessen Honig** in der Sahne lösen.
16. **Aromaöl abwiegen.**

DAS VERSEIFEN

Im Backofen entsteht die Seife aus Fetten und Lauge vom heißen Rand des Topfs ausgehend bis zur Mitte hin. Die Masse geht dabei etwas auf und bekommt eine Konsistenz wie Vaseline. Schauen Sie hin und wieder in den Topf, um ein Gefühl dafür zu bekommen. Der Verseifungsprozess ist erst dann abgeschlossen, wenn die gesamte Masse nicht mehr wie Pudding, sondern wie Vaseline aussieht. Lassen Sie zur Sicherheit die Seife dann noch weitere 10–20 Minuten im Backofen.

Nach längerem Rühren sieht die Seifenmasse aus wie Vanillepudding.

Überfetter, Honig-Sahne und Aromaöl mit dem Handrührgerät gründlich unterrühren.

Seifenbälle formen.

17. Überfetter abwiegen. Zur Verseifung der verwendeten Fettmenge sieht das Rezept eine ganz genaue Menge Natronlauge vor. Sie sollte danach völlig verbraucht sein. Um sicher zu stellen, dass auch wirklich keine ungebundene Natronlauge in der Seife übrig geblieben ist, sondern etwa 5 % hautpflegendes Fett im Überschuss vorliegt, zum Schluss noch etwas hochwertiges Fett hineingeben, den „Überfetter".
18. Seife aus dem Backofen nehmen. Nacheinander mit dem Handrührgerät gründlich den Überfetter, die Honig-Sahne und das Aromaöl unterrühren. Achtung: Die Seife ist noch nicht fertig. Die Seife nur mit Handschuhe anfassen.
19. Die Seife so weit abkühlen lassen, bis sie sich formen lässt. Dabei gelegentlich mit dem Handrührgerät durchrühren, da sie sonst an den Rändern schnell zu fest wird.
20. Mit den Händen knödelgroße Seifenbälle formen. Handschuhe tragen!
21. Die Seife 2–3 Tage reifen lassen. Erst dann verwenden.

HONIG-CREMESEIFE

besonders edel und fein
für etwa 1,5 kg

250 g Kokosöl
100 g Babassuöl oder insgesamt 350 g Kokosöl
30 g Bienenwachs
250 g Sonnenblumenöl
200 g Rapsöl
40 g Rizinusöl
130 g NaOH-Pellets
200 ml destilliertes Wasser
50 g Sheabutter (Überfetter)
40–50 g Aromaöl nach Belieben
100 g Honig
100 ml Sahne

Selbst gemachte Seifen sind nicht nur ein duftender Genuss – sie pflegen auch.

SO GEHT'S

- Aus NaOH-Pellets und destilliertem Wasser eine Natronlauge herstellen und erkalten lassen.
- Kokosöl, Babassuöl und Bienenwachs zusammen schmelzen.
- Sonnenblumenöl, Rapsöl und Rizinusöl zugeben und alles gut mischen.
- Natronlauge zu den Fetten geben.
- Alles mindestens eine Stunde bei 80–90 °C verseifen.
- Sheabutter (Überfetter) und Aromaöl gut unterrühren.
- Honig in der Sahne auflösen und in die Seife rühren.
- Seife etwas abkühlen lassen und Seifenkugeln formen.

DUFTENDE SEIFEN

Seifen müssen kräftig aromatisiert werden, da sie schnell an Duft verlieren. Sehr gut eignen sich zitronige Düfte wie Orange, Limette, Grapefruit, Zitronengras oder Litsea cubeba. Auch Lavendel, Rosmarin und Palmarosa, sowie Mischungen wie Lavendel mit Orange oder Rosmarin mit Litsea cubeba sind sehr fein.

WOHLTUENDE BÄDER

Sich die Badewanne einlassen. Den Duft der Bademischung riechen. Eintauchen und entspannen. Seien wir ehrlich: Es gibt kaum Schöneres. Probieren Sie diese Bademischungen aus. Sie werden schnell fühlen, wie gut die tun.

Honig ist wasserlöslich und mischt sich daher nicht mit Ölen. Ein Honig-Ölbad trennt sich bereits nach kurzer Zeit in seine beiden Phasen, es muss also vor Gebrauch gründlich geschüttelt werden. Eigentlich brauchen Sie den Emulgator für ein Badeöl nicht. Trotzdem empfehle ich seine Verwendung. Er sorgt nämlich dafür, dass sich das Öl mit dem Badewasser vermischt und nicht als unschöner Ölring am Badewannenrand hängen bleibt. Füllen Sie Honig-Ölbäder am besten in dekorative Flaschen, vielleicht zusammen mit einem hübschen Zweig, wie etwa Lavendel oder Rosmarin. Das sieht sehr edel aus.

HONIG-OLIVENÖLBAD

sehr hautpflegend
für etwa 15 Bäder

60 g Honig
30 g Wasser
30 g Lysolecithin
160 g Olivenöl (oder Mandelöl)
5 g Aromaöle (z. B. Rosmarin, Lavendel, Latschenkiefer, Vanille)

SO GEHT'S

- Honig, Wasser und Lysolecithin gründlich vermischen.
- Olivenöl (oder Mandelöl) und Aromaöl ebenfalls vermischen und zur oberen Mischung geben.
- Vor Gebrauch schütteln!

EI-HONIG-CREMEBAD

wenn's schnell gehen muss
für ein Bad

100 g Honig
1 Eigelb
1 Becher Sahne
1 EL Olivenöl

SO GEHT'S

- Honig, Eigelb, Sahne und Olivenöl kräftig mit dem Handrührgefäß verrühren.

MEIN TIPP:

Die Zutaten zu diesem Bad sind im Haushalt meistens vorrätig. Wenn es mal schnell gehen soll, plündern Sie einfach Ihren Kühlschrank.

KLEOPATRABAD

Wohlfühlbad für besondere Tage
für ein Bad

150 g Honig
250 ml Milch
50 g Meersalz
einige Tropfen Aromaöl (z. B. Rosmarin, Lavendel, Grapefruit, Vanille)

SO GEHT'S

- Honig, Milch, Meersalz und Aromaöl zusammen ins nicht zu heiße Badewasser geben, ins Bad steigen, Augen schließen und sich fühlen wie eine Königin.

INTENSIVPFLEGE FÜR HAUT UND HAAR

Schon in der Antike galt die Mischung aus Milch und Honig als das Schönheitsmittel überhaupt. Kein Wunder, dass Honig und andere Bienenprodukte auch heute noch in vielen Pflegeprodukten enthalten sind.

Honig ist für jeden Hauttyp geeignet. Er macht die Haut zart und elastisch. Sie fühlt sich danach straff und gepflegt an und kleine Unreinheiten verschwinden. Die wertvollen Wirkstoffe des Honigs pflegen intensiv. Und mehr als das: Sie lindern, klären, beleben. Das gilt nicht nur für die Haut. Auch die Haare lassen sich mit Honig verwöhnen. Die Inhaltsstoffe ziehen gut ein, die Haare werden geschmeidig und glänzend.

Gesichtsmasken

PEELINGMASKE AUS HONIG

besonders gut bei Hautunreinheiten
für eine Anwendung

1 EL Honig, grob kristallisiert
ein paar Tropfen Wasser

SO GEHT'S

- Honig und Wasser auf der Hand zu einer geschmeidigen Masse mischen.
- Masse gründlich auf Gesicht, Hals und Dekolleté verteilen.
- 10–15 Minuten einwirken lassen.
- Mit lauwarmem Wasser gründlich abspülen.

MEIN TIPP:
Wer die Peeling-Wirkung nicht haben will, kann flüssigen statt kristallisierten Honig verwenden.

INTENSIV-PFLEGEMASKE

bei großen Poren
für eine Anwendung

1 EL flüssiger Honig
2 EL fettarmer Quark
1 EL Weizenkeimöl
1 TL Zitronensaft

SO GEHT'S

- Honig, Quark, Weizenkeimöl und Zitronensaft verrühren.
- Auftragen und 10–15 Minuten einwirken lassen.
- Mit lauwarmem Wasser abwaschen.

HONIG-HEILERDE-MASKE

bei unreiner Haut, fördert die Heilung entzündeter Stellen
für eine Anwendung

2 EL flüssiger Honig
1 EL Heilerde

SO GEHT'S

- Honig und Heilerde gründlich vermischen.
- Auftragen und 10–15 Minuten einwirken lassen.
- Mit lauwarmem Wasser abwaschen.

Gesichtsmasken – die besondere Pflege.

TOMATEN-HONIGMASKE

gegen Pickel
für eine Anwendung

1 Cocktailtomate
1 TL Honig

SO GEHT'S

- Cocktailtomate und Honig mit dem Mixstab fein pürieren.
- Auftragen und 10–15 Minuten einwirken lassen.
- Mit lauwarmem Wasser abwaschen.

BANANEN-HONIGMASKE

gegen trockene Haut
für eine Anwendung

1 kleine Banane
1 TL Honig

SO GEHT'S

- Banane und Honig mit dem Mixstab fein pürieren.
- Auftragen und 10–15 Minuten einwirken lassen.
- Mit lauwarmem Wasser abwaschen.

Haarkuren

HONIG-ÖL-HAARKUR

für Glanz und Pflege
für 1 – 2 Anwendungen

75 g Weizenkeimöl (oder Olivenöl)
50 g Honig
2 EL Obstessig

SO GEHT'S

- Weizenkeimöl (oder Olivenöl), Honig und Obstessig gründlich verrühren.
- Auftragen und 10–15 Minuten einwirken lassen.
- Haare wie gewohnt waschen.

EI-HONIG-HAARPACKUNG

bei strapaziertem Haar
für eine Anwendung

4 EL Honig
1 Eigelb
1 TL Zitronensaft

SO GEHT'S

- Honig, Eigelb und Zitronensaft gründlich verrühren.
- Nach der Haarwäsche auftragen und 20–30 Minuten einwirken lassen.
- Gründlich ausspülen.

PROPOLISKUR

bei fettigem Haar
für eine Anwendung

60 g Naturjoghurt
30 Tr. Propolistinktur
125 g Honig
1 Eigelb

SO GEHT'S

- Naturjoghurt, Propolistinktur, Honig und Eigelb gründlich verrühren.
- Nach der Haarwäsche auftragen und 20–30 Minuten einwirken lassen.
- Gründlich ausspülen.

Dies und das

LIPPENPFLEGE MIT QUARK UND HONIG

bei spröden und aufgesprungenen Lippen
für eine Anwendung

1 TL Quark
1 TL Honig

SO GEHT'S

- Quark und Honig miteinander vermischen.
- Auf die Lippen auftragen und eine halbe Stunde einwirken lassen.

FEUCHTIGKEITSSPENDENDE HONIG-LOTION

schnelle Pflege zwischendurch
für eine Anwendung

50 ml lauwarme Milch
2 EL Honig
1 TL Mandelöl

SO GEHT'S

- Milch, Honig und Mandelöl gründlich verrühren.
- Auftragen und 10–15 Minuten einwirken lassen.
- Mit lauwarmem Wasser abwaschen.

PFLEGE HARTER ELLBOGEN

hilft auch bei rauen Füßen
für eine Anwendung

1 TL Honig
1 EL Meersalz

SO GEHT'S

- Honig und Meersalz gründlich verrühren.
- Auftragen und 10–15 Minuten einwirken lassen.
- Mit lauwarmem Wasser abwaschen.

WÄSSERCHEN FÜR ALLE FÄLLE

Honig sieht zwar so aus, als könne er kein Wässerchen trüben, aber in Wirklichkeit macht er genau das. Wird er mit einer Flüssigkeit vermischt, trübt sich diese. Der Wirksamkeit tut das aber keinen Abbruch.

Honig vernebelt klare Flüssigkeiten durch ausfallende Eiweißstoffe, egal ob er in Wasser oder in Alkohol gelöst wird. Für die Wirkung ist das aber egal. Wenn Sie wollen, können Sie die Lösung entweder filtrieren oder eine Zeitlang stehen lassen. Die Trübung setzt sich ab und der klare Überstand kann in ein anderes Gefäß abgegossen werden. Doch so viel Mühe muss gar nicht sein. Verwenden Sie stattdessen einfach braune Gefäße. Dann sieht man die trübe Flüssigkeit nicht und – guter Nebeneffekt – Ihre Kosmetika sind gegen Lichteinflüsse geschützt.

Das Neroliwasser aus Orangenblüten duftet leicht blumig.

Gesichtswasser

ORANGENBLÜTEN-GESICHTSWASSER MIT HONIG

Frische für jeden Tag
für etwa 300 ml

40 g Honig
200 g Neroliwasser
80 g Alkohol
8 Tr. Orangenblütenöl

SO GEHT'S

- Honig und Neroliwasser gut mischen.
- Alkohol und Orangenblütenöl mischen und anschließend zur Honig-Neroliwassermischung geben.
- In dunkle Fläschchen füllen.

MEIN TIPP:
Statt Neroliwasser und Orangenblütenöl können Sie auch Lavendelwasser und Lavendelöl verwenden. Wer starke Düfte meiden will: Lavendelwasser und Neroliwasser riechen beide selbst schon so fein, dass Sie auf Aromaöl auch verzichten können.

HAMAMELIS-GESICHTSWASSER MIT HONIG

klärt die Haut
für etwa 300 ml

40 g Honig
180 g Hamameliswasser
20 g Hamamelisextrakt
80 g Alkohol
8 Tr. Aromaöl nach Belieben

SO GEHT'S

- Honig, Hamameliswasser und Hamamelisextrakt gut mischen.
- Alkohol und Aromaöl mischen und anschließend zur Honig-Hamamelismischung geben.
- In dunkle Fläschchen füllen.

GUT ZU WISSEN
Hamamelis ist ein anderer Name für die Zaubernuss. Sie wirkt entzündungshemmend und desinfizierend. Sie hilft daher besonders gut bei Hautunreinheiten. Hamameliswasser riecht allerdings nicht so fein wie Neroliwasser, deswegen sollten Sie dieses Gesichtswasser mit etwas Aromaöl Ihrer Wahl beduften.

MEIN TIPP:
Statt Hamameliswasser und Hamamelisextrakt können Sie auch Kamillenwasser und Kamillenextrakt verwenden. In diesem Fall empfehle ich als Aromaöl das römische Kamillenöl.

GESICHTSWASSER AM ABEND – ERFRISCHEND UND LABEND
Ein Gesichtswasser wirkt belebend und durch die durchblutungsfördernde Wirkung besonders gut gegen kleine Hautunreinheiten. Geben Sie einfach jeden Abend nach der Gesichtsreinigung etwas Gesichtswasser auf einen Wattebausch und reiben Sie Gesicht und Dekolleté damit ab. Anschließend sollten Sie sich gut eincremen, am besten mit einer selbst gemachten Honig-Creme.

Mundwasser

MUNDWASSER MIT PROPOLIS

gegen Zahnfleischentzündungen und Aften, für frischen Atem
für etwa 25 ml

20 g ätherische Öle (z. B. Pfefferminz, Thymian, Lavendel, Krauseminze, Rosmarin, Teebaum)
3–6 g Propolislösung

SO GEHT'S

- Ätherische Öle mischen.
- Propolislösung zugeben.
- In eine dunkle Pipettenflasche füllen.
- 1–2 Tr. in etwas Wasser geben und den Mundraum sorgfältig damit spülen.

GUT ZU WISSEN

Propolis ist aufgrund seiner entzündungshemmenden und desinfizierenden Wirkung besonders zur Anwendung im Mund- und Rachenraum geeignet.

MEIN TIPP:

Teebaumöl ist sehr entzündungshemmend, hat aber einen extrem hervorstechenden Geschmack. Dosieren Sie es deswegen nur sparsam.

Sprays

FUẞ- ODER DEOSPRAY MIT PROPOLIS

angenehm im Duft
für etwa 100 ml

70 g Alkohol
2,5 g Lösungsvermittler 41
1,5 g Farnesol
5 g Glycerin
2 g Propolislösung
Aromaöl nach Belieben (z. B. je 8 Tr. Rosmarinöl und Lavendelöl)
0,5 g Zitronensäure-Pulver
10 g Hamameliswasser

SO GEHT'S

- Alkohol, Lösungsvermittler 41, Farnesol und Glycerin zusammen auflösen.
- Propolislösung und Aromaöl zur Alkoholmischung geben.
- Zitronensäure-Pulver und Hamameliswasser auflösen und ebenfalls zur Alkoholmischung geben.
- In eine dunkle Zerstäuberflasche füllen.

GUT ZU WISSEN

Dieses deodorierende Spray wirkt besonders gut gegen Geruchsbildner. Die Zitronensäure reguliert den pH-Wert der Lösung. Lösungsvermittler 41 ist ein Emulgator, der aus Rizinusöl hergestellt wird. Farnesol gehört zu den Terpenolen und hat aufgrund seiner antimikrobiellen Wirkung deodorierende Eigenschaften. Glycerin sorgt dafür, dass die Haut nicht durch den Alkohol austrocknet. Nachteil des Sprays ist allerdings seine bräunliche Farbe, die vom Propolis herrührt. Deswegen sollten Sie bei heller Kleidung vorsichtig sein. Anstelle von reinem Alkohol kann hier als preisgünstige Variante auch das "Kosmetische Basiswasser" verwendet werden.

BIER-HONIG-HAAR-FESTIGER

festigt und pflegt
für etwa 100 ml

80 g Bier
20 g Alkohol
4 g Honig
5 g Seidenprotein
Aromaöle nach Belieben

SO GEHT'S

- Bier, Alkohol, Honig, Seidenprotein und Aromaöle zusammen auflösen.
- In eine dunkle Zerstäuberflasche füllen.

GUT ZU WISSEN

Haben Sie keine Angst, Sie werden weder nach Bier riechen, noch werden sich die Bienen auf Ihr Haar stürzen, wenn Sie diesen Festiger benutzen. Er pflegt sehr gut und hat eine hervorragende Festigungswirkung. Probieren Sie's aus.

HONIG-GLANZ-FESTIGER

nach Großmutters Art
für eine Anwendung

50 ml Wasser
1 TL Honig
1 TL Obstessig

SO GEHT'S

- Wasser, Honig und Obstessig zusammen auflösen.
- In eine Zerstäuberflasche füllen.
- Gleichmäßig im Haar verteilen.
- Sofort zu verwenden.

Honig-Glanz-Festiger nach Großmutters Art.

HAUS- UND HEILMITTEL

STARK BEI ERKÄLTUNGEN

Kratzen, Krächzen, Husten. Kennen und fürchten Sie das auch? Wenn's in Hals und Nase rumort, ist oft eine Erkältung im Anmarsch. Dann sind Bienenprodukte genau die richtigen Helfer.

Nutzen Sie die entzündungshemmende Wirkung des Honigs zum Beispiel bei Halsschmerzen und Husten. Honig ist vor allem zur Bekämpfung von leichten Infektionen im Mund-Rachen-Raum geeignet. Sofort angewendet, kann er seine Wirksamkeit besonders gut entfalten. Sein großer Vorteil: Sie haben ihn meist sowieso zu Hause und jederzeit griffbereit. Deshalb ist ein *großer Löffel Honig* die beste „Erste Hilfe" bei Kratzen im Hals. Langsam im Mund zergehen lassen und genießen, denn diese Medizin schmeckt süß.

Äußerliche Anwendung

ERKÄLTUNGSBALSAM

zum Auftragen auf Brust und Stirn
für etwa 150 g

100 g Olivenöl
20 g Sheabutter
18 g Bienenwachs
2 g Vitamin E-Acetat
14 g Aromaöl (z. B. Mischung aus Eukalyptus, Fichtennadel, Thymian, Rosmarin, Melisse)

SO GEHT'S

- Olivenöl, Sheabutter und Bienenwachs im Wasserbad schmelzen (60–70 °C).
- Vitamin E-Acetat und Aromaöl unterrühren.
- Abfüllen und erkalten lassen.

BIENENWACHSWICKEL

bei Bronchitis
für etwa 6 Platten

100 g Bienenwachs
Aromaöl nach Belieben (z. B. Eukalyptus, Rosmarin)

SO GEHT'S

- Alufolie mit grobem Leintuch auslegen.
- Bienenwachs schmelzen, bei Bedarf ätherische Öle einarbeiten.
- Dünn auf das Leintuch gießen.
- Erkalten lassen.
- In Platten schneiden.
- Einzelplatte im Backofen vorsichtig auf Körpertemperatur erwärmen und auf die Brust legen.

ALLERGIEN VERMEIDEN
Sie können die ätherischen Öle selbst zusammenstellen und dadurch Allergien, zum Beispiel gegen Eukalyptusöl, berücksichtigen.

Innerliche Anwendung

ZITRONEN-HONIG-KRÄUTERTEE
gegen Halsschmerzen
Menge nach Belieben

2 Teile getrocknete Salbeiblätter
1 Teil getrocknete Kamillenblüten
1 Teil getrockneter Thymian
Zitronensaft
Honig

SO GEHT'S

- Stellen Sie aus den Kräutern eine Mischung her.
- 1 TL der Kräutermischung in einem Glas mit heißem Wasser aufbrühen.
- 10 Minuten ziehen lassen und abseihen.
- 1–2 EL Honig und Saft von 1 Zitrone zugeben.
- Löffelweise gurgeln und anschließend schlucken.

HONIG-HUSTENSAFT
nach altem, überliefertem Rezept
für etwa 300 g

1 Zitrone
40 g Glycerin
250 g Honig

SO GEHT'S

- Die Zitrone 3–4 Minuten in kochendes Wasser legen.
- Saft auspressen.
- Glycerin und Honig gut einrühren.
- Drei- bis fünfmal täglich 1 EL einnehmen.

KNOBLAUCH-ZWIEBEL & HONIG BEI BRONCHITIS
bei Bronchitis
für etwa 1 Liter

1 Gemüsezwiebel
1 Knolle Knoblauch
1 Liter Wasser
Honig nach Geschmack

SO GEHT'S

- Gemüsezwiebel und Knoblauch schälen und klein hacken.
- Mit Wasser in einen Topf geben und 15 Minuten köcheln lassen.
- Abseihen.
- Abkühlen lassen.
- Mit Honig süßen.
- Dreimal täglich in kleinen Schlucken trinken.

PROPOLISTINKTUR PUR Propolis wirkt stark hemmend auf Bakterien, Viren und Pilze und hat einen schmerzstillenden Effekt. Es steigert außerdem die körpereigenen Abwehrkräfte. Träufeln Sie bei Erkältungen einfach mehrmals täglich wenige Tropfen Propolistinktur in den Rachenraum.
Doch Propolistinktur kann noch mehr: Auch auf die Haut hat sie wohltuende Wirkung. In alkoholischer Lösung wirkt sie desinfizierend, schmerzstillend und regenerierend auf das Hautgewebe. Narbenbildung nach Verletzungen wird weitgehend verhindert. Auch bei Fußpilz soll Propolis hervorragend helfen. Aber Vorsicht: Nicht anwenden bei Propolis-Allergie oder zur täglichen Prophylaxe.

PROPOLISTINKTUR IM HANDEL
Propolis wird als alkoholische oder nicht alkoholische Tinktur angeboten. In der alkoholischen Variante sind wesentlich mehr Wirkstoffe enthalten als in der nicht alkoholischen. Außerdem werden zur Herstellung der nicht alkoholischen Lösung Emulgatoren verwendet. Wenn möglich, empfehle ich Ihnen die Einnahme der alkoholischen Tinktur.

Propolistinktur – stark in Mund und Rachen.

FÜR EINE GESUNDE HAUT

Hautprobleme können an allen Körperstellen auftreten. Schnelle Besserung sorgt für zügige Wiederherstellung der Harmonie zwischen Körper und Seele. Bienenprodukte heilen schonend, wohltuend und verschaffen rasch Linderung.

Honig wird seit Jahrhunderten bei der Wundheilung eingesetzt, denn Honig wirkt bei Wunden doppelt: Erstens entzieht der Zucker den Wunderregern das lebenswichtige Wasser. Zweitens sorgt das Bienenenzym Glukoseoxidase dafür, dass das desinfizierende Wasserstoffperoxid freigesetzt wird.
Es gibt aber noch einen weiteren Vorteil: *Honigkompressen* lassen sich meist so leicht wieder von der Wundstelle lösen, dass neugebildete Hautschichten nicht verletzt werden. Dadurch heilen Wunden schneller.
Deswegen wird Honig immer häufiger bei Brandverletzungen, schweren Unfällen, Hauttransplantationen, Schleimhautentzündungen, Neurodermitis oder Schuppenflechten eingesetzt. Sogar offene Beine, die über Jahre nicht heilen, lassen sich mit Honig kurieren.
Allerdings raten die Mediziner von der Eigentherapie mit dem unbehandelten Naturprodukt ab, denn „normaler" Honig ist für medizinische Zwecke *nicht steril genug.* Im unbehandelten Bienenhonig können nämlich gefährliche Bakterien sein, zum Beispiel Clostridien. Sie können zum gefürchteten Gasbrand führen, wenn sie in tiefe, sauerstoffarme Wunden gelangen. In früheren Zeiten wurde diese mögliche Nebenwirkung in Kauf genommen. Bei dem Honig, der heute in der Schulmedizin verwendet wird, kann das aber nicht passieren. Der sogenannte *„Medi-Honey®"* ist mit keimtötenden Gammastrahlen sterilisiert.
Oberflächliche Wunden, wie zum Beispiel kleine Schürfwunden, können jedoch mit normalem Honig behandelt werden. Besonders gut hilft hier Wald- oder Edelkastanienhonig mit seinen vielen Antioxidantien. Wenn Sie unsterilen Honig auf Wunden auftragen, so tun Sie dies natürlich auf eigenes Risiko.

ZUR SICHERHEIT ZUM ARZT
Die Apitherapie, das Heilen mit Bienenprodukten, ist für jeden rezeptfrei zugänglich und sehr kostengünstig. Und sie ist sehr alt – es gibt sie bereits seit mindesten 6 000 Jahren. Vertrauen auch Sie auf diese alten Erfahrungen zu Ihrer Gesunderhaltung und Heilung. Aber denken Sie daran: Verschwinden Ihre Beschwerden nicht, besprechen Sie sich mit Ihren Arzt!

Trockene, schuppige Hautstellen, Neurodermitis, Dermatitis

HONIG PUR

bei trockenen oder entzündeten Hautstellen
Menge je nach Bedarf

kristallisierter Blütenhonig

SO GEHT'S

- Honig dick auf die betroffenen Hautstellen auftragen.
- Einen Verband auflegen (an den Händen verwenden Sie am besten Baumwollhandschuhe).
- Honigkompresse mehrere Stunden, am besten über Nacht einwirken lassen.

KNOBLAUCH-HONIG-TINKTUR BEI PILZBEFALL

gegen Pilzbefall von Haut und Schleimhäuten
für etwa 250 ml

5 Knoblauchzehen
250 ml heißes Wasser
2 EL Honig

SO GEHT'S

- Knoblauchzehen schälen und pressen.
- Heißes Wasser darauf gießen und 10 Minuten ziehen lassen.
- Abseihen.
- Honig zum Sud geben und gut mischen.

HONIG-PROPOLIS-SALBE

für geschmeidige Haut
für etwa 200 g

100 g Olivenöl
20 g Sheabutter
18 g Bienenwachs
2 g Vitamin E-Acetat
14 Tropfen Aromaöl (z. B. Mischung aus Eukalyptus, Fichtennadel, Thymian, Rosmarin, Melisse)
20 g Honig
20 ml alkoholische Propolistinktur

SO GEHT'S

- Olivenöl, Sheabutter und Bienenwachs im Wasserbad schmelzen (60–70 °C).
- Vitamin E-Acetat und Aromaöl unterrühren.
- Honig und Propolistinktur sehr gut miteinander mischen.
- Mischung dann sehr gründlich in die Basissalbe einarbeiten, sobald diese anfängt zu erstarren.
- Abfüllen und erkalten lassen.

MEIN TIPP:
Die Salbe bleibt durch die Zugabe der Honig-Propolismischung etwas weicher. Wenn Sie sie fester wollen, erhöhen Sie den Bienenwachsanteil der Basissalbe um 2–4 g.

HONIG AUF DER HAUT
Honig hat eine sehr beruhigende und regenerierende Wirkung auf die Haut. Der Honig wird zum Teil auch von der Haut aufgenommen. Dadurch wird sie geschmeidig und heilt sehr gut ab.

„Honig pur" hilft bei trockener, schuppiger oder entzündeter Haut.

Wunden

HONIG BEI OFFENEN BEINEN

langwierig aber wirksam
Zutaten nach Bedarf

gesättigte Kochsalzlösung
Honig (vorzugsweise Medi-Honey®)
Verbandmaterial (steril)

SO GEHT'S

- Die Wunde mit gesättigter Kochsalzlösung auswaschen und mit sterilem Mull trockentupfen.
- Honig auf eine sterile Wundauflage streichen und auf die Wunde legen.
- Mit Verbandmull abdecken und das Bein verbinden.
- Bei großen Wunden schmerzt frischer Honig für einige Stunden sehr stark.
- Die Kompresse jeden Tag wechseln.
- Wundauflage bei Bedarf zum Ablösen mit Kochsalzlösung befeuchten.
- Bis zur völligen Ausheilung kann es ½–1 Jahr dauern.

BEI SONSTIGEN PROBLEMCHEN

Die Anwendungsmöglichkeiten für Bienenprodukte sind schier unerschöpflich. Das liegt auch daran, dass in Honig & Co. so viele unterschiedliche Wirkstoffe und Wirkstoffkombinationen enthalten sind.

Herpes

HERPESMIXTUR

wirkt besonders gut
für etwa 20 g

1 TL alkoholische Propolistinktur
1 TL Honig

SO GEHT'S

- Propolistinktur und Honig mischen.
- Mischung sofort beim ersten Anzeichen auf die betroffenen Hautstellen auftragen.
- Danach lassen Sie die Stelle ruhen und heilen. Nicht kratzen!
- Täglich mehrere Male auftragen, bis die Stelle ganz verheilt ist.

GUT ZU WISSEN

Wissenschaftliche Studien belegen die Wirkung von Honig und Propolis pur. Aus meiner Erfahrung wirkt die Mischung aus beiden aber am besten. Wichtig hierbei ist es, dass Sie sofort die juckenden Stellen dick benetzen.

Verbesserung des Immunsystems

APFELESSIG MIT HONIG

Stärkungsmittel, verbessert das allgemeine Wohlbefinden
für eine Anwendung

1 TL Honig
1 EL Obstessig
1 Glas lauwarmes Wasser

SO GEHT'S

- Honig, Obstessig und lauwarmes Wasser mischen.
- Täglich einnehmen.
- Morgens, mittags und abends eingenommen, soll der Trank zur Vorbeugung und Behandlung von Krankheiten und zur Anregung von Appetit und Verdauung wirken.

HONIG-INGWER-TRUNK

gesundheitsfördernd
für etwa 1 Liter

1 walnussgroßes Stück Ingwer
1 l kochendes Wasser
Honig nach Belieben

SO GEHT'S

- Ingwer schälen und reiben oder in ganz feine Würfel schneiden und diese etwas zerdrücken.
- Mit kochendem Wasser übergießen und etwa 10 Minuten ziehen lassen.
- Mit Honig süßen.

GUT ZU WISSEN

Ingwer hat vielfältige Wirkungen. Er regt die Gallensaftproduktion an und fördert die Fettverbrennung, hilft bei Übelkeit (auch morgendlicher), Verdauungsbeschwerden, Verstopfungen und Blähungen, Erkältungen, Fieber und Kopfschmerzen. In Verbindung mit Honig ist er sehr gesundheitsfördernd.

Schlafstörungen

EINSCHLAFTRUNK
schmeckt besonders lecker
für eine Anwendung

1 Glas lauwarme Milch
1 EL Honig

SO GEHT'S
- Lauwarme Milch und Honig mischen.
- Kurz vor dem Schlafengehen trinken.

GUT ZU WISSEN
Tryptophan ist eine Aminosäure, die in Milch vorkommt. Sie wird im Körper in Serotonin (Botenstoff, fördert das Einschlafen) und Melatonin (Hormon, reguliert das Schlafen) umgewandelt. Die Glucose aus dem Honig fördert das Eindringen dieser beiden Stoffe ins Gehirn, da durch die Insulinausschüttung die Blut-Hirn-Schranke durchlässiger wird. Deswegen werden wir schneller müde.

Ist die Milch nicht zu heiß, bleiben die wertvollen Inhaltsstoffe erhalten.

KULINARISCHES

GESCHMACKLICHE VIELFALT

Es gibt unendlich viele Honigsorten. Achten Sie bei der Auswahl darauf, entweder geschmacklich passende oder neutrale Honige zu verwenden. Das kommt ganz auf Ihre Vorlieben an.

Honig ist mehr als nur ein Brotaufstrich. Er gibt vielen Speisen erst den letzten Pfiff, und zwar nicht nur Desserts und Kuchen. Auch Salatdressings, Marinaden und Gebratenes erhalten durch Honig eine ganz besondere Note. Probieren Sie's aus! Sie werden von den kulinarischen Möglichkeiten begeistert sein. Generell können Sie Zucker immer durch Honig ersetzen. Die Süßkraft von Blütenhonig ist allerdings etwas stärker als die von Zucker. Deswegen benötigen Sie etwa ein Viertel weniger Zucker als in Ihren Rezepten angegeben. Waldhonige sind weniger süß, hier müssen Sie unter Umständen etwas mehr verwenden.

Besonders beim Backen müssen Sie berücksichtigen, dass Honig Wasser enthält, und zwar etwa 20 %. Sie müssen die Flüssigkeitsmenge also um etwa ein Fünftel reduzieren. Bei den Rezepten aus diesem Buch ist das natürlich schon berücksichtigt.
Rezepte, bei denen der Honig erst zum Schluss zugegeben oder nicht erhitzt wird, sind für den Erhalt der wertvollen Honiginhaltsstoffe am besten. Wenn Sie Honig zum Backen verwenden, nehmen zwar einige Honiginhaltsstoffe Schaden, doch das wird durch ein Mehr an Geschmack mehr als ausgeglichen.

HONIG LÖFFELWEISE

Wenn in Ihren Honig-Rezepten die Menge des Honigs in Gramm angegeben ist, können Sie den süßen Saft trotzdem mit Löffeln abmessen: Ein gestrichener EL Honig sind etwa 20 g, ein gestrichener TL Honig sind etwa 10 g.

Hier entsteht Waldhonig: Eine Sammelbiene holt Honigtau bei einer Fichtenquirlschildlaus.

HERZHAFTE SPEISEN

Wie die Prise Salz im Süßen, so sorgt der Honig im Herzhaften für geschmackliche Vollendung. Besonders in Verbindung mit feiner Säure, zum Beispiel mit Zitrone oder Wein, entstehen kulinarische Köstlichkeiten, die Ihnen schmecken werden.

Vorspeisen

BLÄTTERTEIGTASCHEN MIT ZIEGENFRISCHKÄSE UND HONIG

einfach und schnell
ergibt 12 Stück

1 Paket Blätterteig (etwa 320 g)
300 g Ziegenfrischkäse
6 TL flüssiger Honig
etwas frischer Rosmarin

ZUBEREITUNG

- Blätterteig auftauen und in 12 gleich große Quadrate schneiden. Diese in ein Muffin-Blech mit 12 Mulden oder in 12 ausgefettete, ofenfeste Tassen drücken, so dass die Ecken an den Rändern überstehen.
- In die Mitte je 25 g Ziegenkäse geben und einen halben TL Honig darüber verteilen. Je eine Messerspitze sehr fein gehackten Rosmarin darüber streuen.
- Die Spitzen der Blätterteigquadrate etwas mit Wasser befeuchten und oben zusammendrehen, damit die Taschen verschlossen sind.

BACKEN

bei 180 °C etwa 20–25 Minuten

MEIN TIPP:
Wenn Sie's blumig mögen: Ersetzen oder ergänzen Sie den Rosmarin durch ein paar wenige Lavendelblüten. Sie werden überrascht sein, wie lecker das schmeckt.

GEBRATENE HONIG-AUBERGINEN

gut vorzubereiten
für 4 Portionen

500 g Auberginen
Salz
etwa 100 ml Olivenöl
1 Zwiebel
4 Knoblauchzehen
1 Bund glatte Petersilie
1 Bund frischer Thymian
100 ml trockener Weißwein
2 EL weißer Balsamico
20 g Honig
weißer Pfeffer aus der Mühle

ZUBEREITUNG

- Die Auberginen in etwa 2 cm große Würfel schneiden, in ein Sieb legen und kräftig salzen. Kurz mit Wasser abspülen und gut mit Küchenpapier trocknen.
- Portionsweise mit Olivenöl kräftig anbraten und anschließend auf Küchenpapier abtropfen lassen.
- Die Zwiebel und den Knoblauch fein hacken und ebenfalls in Olivenöl anschwitzen, aber nicht bräunen. Honig dazugeben und mit Weißwein und Balsamico ablöschen.
- Fein gehackte Kräuter und Auberginenwürfel zugeben. Mit Salz und Pfeffer abschmecken und einmal kurz aufkochen lassen.
- Schmeckt am besten lauwarm mit frischem Weißbrot.

ENTENBRUST MIT HONIGMELONE

einfach und trotzdem raffiniert
für 4 Portionen

1 Entenbrust
Salz
weißer Pfeffer aus der Mühle
2 TL Honig
2 EL weißer Balsamico
100 ml trockener Weißwein
½ TL körniger Senf
½ Honigmelone (gut gekühlt)
1 Frisée-Salat

ZUBEREITUNG

- Frisée-Salat putzen, waschen und gut abtropfen lassen.
- Die Haut der Entenbrust rautenförmig einritzen, salzen und pfeffern und auf der Hautseite in eine heiße Pfanne legen. Bei mittlerer Hitze gut 10 Minuten im eigenen Fett ausbraten.
- Wenden und die andere Seite etwa 5-10 Minuten goldbraun braten. Herausnehmen, in Alufolie wickeln und ruhen lassen.
- Währenddessen das Fruchtfleisch der halben Honigmelone in gleichmäßige feine Würfel schneiden und wieder kühlen.
- Den Großteil des Entenfetts ausgießen, Schalotte pellen, fein würfeln und im restlichen Entenfett glasig dünsten.
- Mit Weißwein und Balsamico ablöschen, Honig zugeben und etwas einkochen. Mit Salz, Pfeffer und körnigem Senf abschmecken.
- Die Entenbrust in schräge Scheiben schneiden und mit den Melonenwürfeln und etwas geputztem, gewaschenem Frisée-Salat auf Tellern anrichten. Mit der Soße begießen.

Gebratene Honig-Auberginen

Salate

HONIG-BALSAMICO-SALATDRESSING

passt zu allen Salaten
für einen großen Salat

4 EL Balsamico
6 EL Olivenöl
1 TL Honig
1 TL körniger Senf
1 kleine Knoblauchzehe
Salz, Pfeffer aus der Mühle

ZUBEREITUNG

- Knoblauchzehe sehr fein hacken oder pressen. Zusammen mit Balsamico und Olivenöl gut schlagen.
- Mit Honig, Senf, Salz und Pfeffer abschmecken.

MEIN TIPP:
Statt Balsamico können Sie jeden anderen Essig, wie zum Beispiel Weißweinessig oder Himbeeressig, verwenden. In diesem Fall sollten Sie das intensive Olivenöl durch ein geschmacksneutrales Öl wie zum Beispiel Sonnenblumenöl ersetzen. Falls Sie kein Olivenöl mögen, nehmen Sie ein anderes Öl. Sie können Knoblauch weglassen und stattdessen Schnittlauch zugeben. Andere Kräutern verfeinern das Dressing zusätzlich. Wenn Sie keinen körnigen Senf zur Hand haben, ersetzten Sie ihn einfach durch einen feinen.

LAUWARMER ZIEGENKÄSE AUF SALAT

eignet sich auch als Vorspeise
für 4 Portionen

etwa 500 g gemischte Blattsalate der Saison (z. B. Eichblatt, Frisée, Rucola, Batavia, Römersalat)
12 Cocktailtomaten
1 Kästchen Gartenkresse
8 runde Ziegenfrischkäse
4 TL Honig
Honig-Balsamico-Salatdressing (links).

ZUBEREITUNG

- Salate putzen, waschen und gut abtropfen lassen. Auf Tellern anrichten.
- Cocktailtomaten halbieren, grünen Stielansatz herausschneiden und zum Salat legen.
- Ziegenkäse auf ein mit Backpapier belegtes Backblech legen und mit je ½ TL Honig beträufeln. Im vorgeheizten Backofen bei 220 °C etwa 5 Minuten backen. Vorsichtig auf den Salat heben.
- Mit Kresse garnieren und mit Honig-Balsamico-Salatdressing beträufeln.

BRUNNENKRESSESALAT MIT HONIG-ZITRONENGRAS-GARNELEN

etwas teurer
für 4 Portionen

400 g Brunnenkresse
1 Stange Zitronengras
1 walnussgroßes Stückchen Ingwer
½ Chilischote, rot
500 g Garnelen, entdarmt, geschält
6 EL Olivenöl
2 Limetten, 1 davon unbehandelt
1 EL Honig
2–3 EL Wasser
2 Knoblauchzehen
1 Korianderzweig
Salz

ZUBEREITUNG

- Brunnenkresse putzen, waschen und gut abtropfen lassen.
- Ingwer schälen und auf einer Reibe fein reiben.
- Den inneren, weichen Teil des Zitronengrases und die halbe Chilischote, den Koriander und den Knoblauch fein hacken.
- Etwas von der Limettenschale in sehr feine Streifen schneiden oder mit dem Fadenschneider abziehen und den Saft beider Limetten auspressen.
- Die Garnelen abspülen, Darmreste entfernen, mit Küchenpapier abtrocknen und zusammen mit Ingwer, Zitronengras und Chili in

Brunnenkressesalat mit Honig-Zitronengras-Garnelen

heißem Olivenöl anschwitzen.

- Knoblauch, Honig, Limettensaft, Koriander und Wasser dazugeben, mit Salz abschmecken und kurz aufkochen.
- Auf der Brunnenkresse anrichten und Sud darüber träufeln.
- Mit Limettenschale garnieren. Warm oder kalt servieren.

MEIN TIPP:

Statt Brunnenkresse können Sie auch Feldsalat, Spinatsalat oder Rucola verwenden. Das Gericht wird weniger scharf ohne Chili. Würzen Sie stattdessen mit etwas Pfeffer aus der Mühle. Wenn Sie keinen Koriander mögen, schmeckt auch glatte Petersilie.

NIE OHNE HONIG

Eigentlich sollte Honig an keinem Salatdressing fehlen, da er ausgezeichnet mit der Säure harmoniert. Das Grundrezept mit Honig und Balsamico können Sie für alle Arten von Salaten verwenden.

Soßen und Marinaden

CHILI-HONIGSOßE

passt zu Gegrilltem
für 4 Portionen

2 rote oder gelbe Paprikaschoten
2 Chilischoten
4 Knoblauchzehen
1 daumengroßes Stück Ingwer
100 g Honig
4 EL Sojasoße
100 ml Weißweinessig oder Sherryessig
Salz

ZUBEREITUNG

- Paprika- und Chilischoten waschen, putzen und grob hacken.
- Knoblauch und Ingwer schälen. Alles zusammen mit dem Mixstab pürieren.
- Paste zusammen mit dem Essig und der Sojasoße kräftig durchkochen.
- Honig zugeben, kurz aufkochen und mit Salz abschmecken.

SÜßSAURE MARINADE

für Schwein oder Huhn

2 EL Olivenöl
2 EL Tomatenmark
2 EL Honig
2 EL Zitronensaft
1 Knoblauchzehe
½ Bund Thymian

ZUBEREITUNG

- Knoblauchzehe pressen. Thymian waschen und Blättchen abzupfen. Beides zusammen mit Olivenöl, Tomatenmark, Honig und Zitronensaft gut vermischen.
- Mit der einen Hälfte der Marinade das Fleisch mindestens 30 Minuten im Kühlschrank marinieren. Mit der anderen Hälfte das Fleisch während des Grillens immer wieder bestreichen.

FRISCHE CURRYBLÄTTER GESUCHT

Curryblätter haben nichts mit der gleichnamigen Gewürzmischung zu tun. Sie sind nicht einmal darin enthalten.
Die frischen Blätter des Currybaums schmecken frisch und fruchtig und nur leicht nach Curry. In den meisten Asia-Läden gibt es sie leider nur getrocknet. Sie bekommen sie aber manchmal frisch in Markthallen oder bei indischen Händlern. Sie können die frischen Blätter einfrieren, dann haben Sie einen Vorrat zu Hause.

Suppen

SÜßSAURE FISCHSUPPE MIT KOKOSMILCH UND CURRYBLÄTTERN

sehr exotisch
für 4 Portionen

400 g Fischfilet (auch gemischt)
2 große Zwiebeln
5 Knoblauchzehen
Saft einer Limette
250 ml Kokosmilch
500 ml Wasser
2 EL Honig
2 EL Butter
1 TL Kurkuma
12–15 frische oder getrocknete Curryblätter
Salz
Pfeffer aus der Mühle
etwas gekörnte Gemüsebrühe

ZUBEREITUNG

- Zwiebel und Knoblauchzehen fein würfeln und in einem hohen Topf in Butter glasig werden lassen.
- Kurkuma zugeben und ebenfalls kurz anschwitzen.
- Mit Kokosmilch, Wasser und Limettensaft ablöschen.
- Mit dem Stabmixer gut durchmixen.
- Honig und Curryblätter zugeben und mit Salz, Pfeffer und Gemüsebrühe abschmecken.
- Fischfiles in mundgerechte Stücke schneiden und hineingeben.
- Nur so lange kochen, bis der Fisch gar ist. Fisch nicht zerfallen lassen. Vorsicht, das geht sehr schnell.
- Mit Weißbrot servieren.

Süßsaure Fischsuppe mit Kokosmilch und Curryblättern

NUDELSUPPE MIT INGWER UND HONIG

einfach und schnell
für 4 Portionen

400 g Hähnchenbrustfilet
etwa 1 Liter Wasser
Salz
50 g Butter
1 Zwiebel
1 Knoblauchzehe
1 walnussgroßes Stück Ingwer
2 Stangen Staudensellerie
250 g Karotten
75 g chinesische Eiernudeln oder andere Suppennudeln
Pfeffer aus der Mühle
1 EL Honig
1 Limette, unbehandelt

ZUBEREITUNG

- Das Hähnchenbrustfilet waschen und in etwa einen Liter kochendes Salzwasser geben. Etwa 15 Minuten bei geschlossenem Deckel garen, herausnehmen, kurz ruhen lassen und in mundgerechte Stücke schneiden.
- Zwischenzeitlich Zwiebel, Knoblauch und Ingwer schälen und in sehr feine Scheiben schneiden.
- Staudensellerie und Karotten in Scheiben schneiden.
- Zwiebeln und Knoblauch in der Butter anschwitzen. Ingwer, Staudensellerie und Karottenscheiben dazu geben, ebenfalls andünsten.
- Mit der Hühnerbrühe ablöschen. Etwa 12 Minuten köcheln lassen, bis das Gemüse gar, aber noch knackig ist.
- Fleisch hinzugeben und mit Honig, Salz, Pfeffer, Limettensaft und -schale abschmecken.
- Zwischenzeitlich die Nudeln in kochendem Salzwasser bissfest garen, abgießen und kurz mit kaltem Wasser abschwenken.
- Nudeln in vorgewärmte Teller geben und mit der heißen Suppe übergießen.

Fisch

GARNELEN MIT GEBRATENEM HONIG-FENCHEL

schmeckt auch lauwarm
für 4 Portionen

800 g Riesengarnelen, entdarmt, geschält
4 EL Olivenöl
2 Knoblauchzehen
1 Zwiebel
50 ml Weißwein
250 g Fenchel, mit zartem Grün
2 Orangen, eine davon unbehandelt
2 Zitronen, eine davon unbehandelt
1 EL Honig
Salz
Pfeffer aus der Mühle

ZUBEREITUNG

- Garnelen waschen und abtrocknen, Zwiebel und Knoblauch sehr fein hacken.
- Fenchel waschen, putzen und in feine Scheiben schneiden. Die Knollenteile, aus denen sich keine Scheiben mehr schneiden lassen, sehr fein hacken. Das Fenchelgrün grob hacken und beiseite stellen.
- Die unbehandelte Orange und die unbehandelte Zitrone sehr gut waschen und jeweils etwas von der Schale in sehr feine Streifen schneiden oder mit dem Fadenschneider abziehen. Eine Orange und eine Zitrone filetieren. Eine Zitrone und eine Orange getrennt auspressen.
- 2 EL Olivenöl in einer Pfanne heiß werden lassen und die Fenchelscheiben kräftig darin anbraten. Mit Salz und Pfeffer würzen und mit dem Orangensaft ablöschen. Den Honig, die Fruchtfilets und die Streifen der Schalen zugeben und warm werden lassen.
- Gleichzeitig 2 EL Olivenöl in einer Pfanne heiß werden lassen und Garnelen kräftig darin anbraten. Zwiebeln, Knoblauch und kleingehackten Fenchel zugeben und mit anbraten.
- Mit Salz und Pfeffer würzen und mit Weißwein und Zitronensaft ablöschen.
- Gebratenen Fenchel auf Tellern anrichten, Garnelen darauf legen und mit zartem Fenchelgrün garnieren.
- Mit Reis, Nudeln oder Weißbrot servieren.

Süßsaurer Kabeljau mit Frühlingszwiebeln

SÜẞSAURER KABELJAU MIT FRÜHLINGSZWIEBELN

geht schnell
für 4 Portionen

800 g Kabeljaufilet
2 EL Sesamöl
2 Limetten, eine davon unbehandelt
2 Bund Frühlingszwiebeln
1 daumengroßes Stück Ingwer
1 Knoblauchzehe
1 Stange Zitronengras
2–3 EL Honig
50 ml Wasser
Salz
Pfeffer aus der Mühle
Chiliflocken

ZUBEREITUNG

- Kabeljaufilets waschen und trocken tupfen.
- Limetten gut waschen, von der unbehandelten Limette ein Stück Schale in sehr feine Streifen schneiden oder mit dem Fadenschneider einige Streifen abziehen. Limetten auspressen.
- Ingwer und Knoblauch schälen und in feine Stifte schneiden.
- Frühlingszwiebeln waschen, putzen und die vorderen weißen Teile in feine Ringe schneiden. Die grünen Teile in schräge, etwa 2 cm lange Stücke schneiden.
- Den weichen inneren Teil des Zitronengrases in feine Ringe schneiden.
- Sesamöl erhitzen und Kabeljaufilets vorsichtig darin anbraten. Herausnehmen und Knoblauch, Ingwer, Zitronengras und weiße Frühlingszwiebelringe kurz anbraten.
- Mit Limettensaft und Wasser ablöschen. Mit Honig, Limettenschale, Salz, Pfeffer und Chiliflocken kräftig abschmecken.
- Kabeljaufilets in die Soße legen und kurz bei schwacher Hitze fertig garen.
- Grüne Frühlingszwiebelstreifen kurz vor dem Servieren zugeben und in der Soße erwärmen.
- Mit Reis oder Weißbrot servieren.

Rinderfilet-Röllchen mit pikanter Honig-Bier-Soße

Fleisch

LAMMKOTELETTS IN HONIG-ROTWEINSOßE

für Gäste
für 4 Portionen

1 kg Lammkoteletts
2 EL Olivenöl
1 Schalotte
2 Knoblauchzehen
1 EL Tomatenmark
2 EL Honig
2 EL Balsamico
¼ l Rotwein
2 EL Crème double
1 Rosmarinzweig
2 EL Maismehl
Salz
Pfeffer aus der Mühle

ZUBEREITUNG

- Die Schalotte und den Knoblauch schälen und fein hacken.
- Etwa 1 TL Rosmarin sehr fein schneiden.
- Die Lammkoteletts waschen, abtrocknen, den Fettrand mehrmals mit einem scharfen Messer einschneiden.
- In heißem Olivenöl von beiden Seiten etwa 4 Minuten kräftig anbraten und mit Salz und Pfeffer würzen. Aus der Pfanne nehmen und zugedeckt im Backofen warm halten.
- Schalotte und Knoblauch im Öl anbraten, Tomatenmark zugeben und ebenfalls anbraten. Mit Balsamico und Rotwein ablöschen und etwas einkochen lassen.
- Mit Honig, Rosmarin, Salz und Pfeffer abschmecken.
- Das Maismehl in etwas kaltem Wasser klümpchenfrei auflösen und die Soße damit andicken.
- Soße nochmals kräftig aufkochen. Crème double zugeben und sofort zusammen mit den Lammkoteletts servieren.
- Dazu passen grüne Bohnen und Rösti, Bratkartoffeln, Pommes frites oder Rosmarinkartoffeln.

RINDERFILET-RÖLLCHEN MIT PIKANTER HONIG-BIER-SOßE

raffiniert und schnell
für 4 Portionen

20 sehr dünne Rinderfiletscheiben (je etwa 25–30 g)
1 Knoblauchzehe
1 Bund Basilikum
10 dünne Scheiben luftgetrockneter Schinken
4 EL Butter
1 Schalotte
1 EL Honig
¼ l dunkles Bier
1 Becher Crème fraîche
½ EL Balsamicoessig
Salz
Pfeffer aus der Mühle

ZUBEREITUNG

- Blättchen vom Basilikum abzupfen und waschen.
- Rinderfiletscheiben waschen, trocken tupfen und mit dem Knoblauch abreiben. Mit Salz und Pfeffer würzen und jede mit einer halben Scheibe Schinken und 2–3 Blättchen Basilikum belegen. Aufrollen und mit kleinen Holzspießchen fixieren.
- Die Schalotte sehr fein hacken und in 2 EL Butter glasig werden lassen. Honig kurz mitschmoren und mit dem Bier ablöschen.
- Auf etwa die Hälfte einkochen lassen.
- Crème fraîche einrühren und kochen, bis die Soße sämig ist.
- Mittlerweile die Rinderfilet-Röllchen in 2 EL Butter von allen Seiten etwa 4–5 Minuten kurz anbraten.
- Eine Handvoll Basilikumblätter in die Soße geben und mit Salz, Pfeffer und Balsamico abschmecken.
- Röllchen auf vorgewärmte Teller legen, Soße dazugeben, mit Basilikum garnieren und servieren.
- Dazu passen dünne Bandnudeln oder Serviettenklöße.

Vegetarisch

PAPRIKA-HONIG-HÄHNCHEN MIT SCHALOTTEN

geht schnell
für 4 Portionen

900 g Hähnchenfleisch
2 EL Olivenöl
250 g Schalotten
2 EL Butter
1 Knoblauchzehe
1 Paprikaschote, rot
1 Paprikaschote, gelb
1 Paprikaschote, grün
2 EL Honig
¼ l Portwein
Salz
Pfeffer aus der Mühle
½ Bund Thymian

ZUBEREITUNG

- Hähnchenfleisch waschen, trocken tupfen, in Würfel schneiden, mit Salz und Pfeffer würzen.
- Paprikaschoten putzen, waschen und in Würfel schneiden.
- Schalotten schälen, größere halbieren. Knoblauch schälen und in Scheiben schneiden.
- Hähnchenfleisch in heißem Öl anbraten.
- Fleisch aus der Pfanne nehmen und die Schalotten in Butter glasig braten.
- Nach einiger Zeit die Paprikawürfel zugeben und mitbraten. Zum Schluss den Knoblauch kurz mitbraten und den Honig zugeben.
- Mit Portwein ablöschen und mit Salz und Pfeffer würzen. Etwa 5 Minuten köcheln.
- Fleisch wieder zugeben und kurz erwärmen.
- Auf Tellern anrichten und mit frischen, abgezupften Thymianblättchen garnieren.
- Mit Reis, Bandnudeln oder Weißbrot servieren.

MEIN TIPP:
Wenn Sie nicht mit Wein kochen wollen, können Sie ihn auch durch Brühe und einen EL Balsamico- oder Rotweinessig ersetzen.

TAGLIATELLE MIT HONIG-BASILIKUM-SOẞE

nach Pesto-Art, aber weniger gehaltvoll
für 4 Portionen

500 g Tagliatelle
200 g frischer Basilikum
1 Knoblauchzehe
3 EL Pinienkerne
3 EL Parmesan, frisch gerieben
100 ml Olivenöl
2 EL Honig
2 EL Zitronensaft
1 Becher Sahne
¼ l klare Brühe
50 g schwarze Oliven, entsteint
Salz
Pfeffer aus der Mühle
Chiliflocken

ZUBEREITUNG

- Die Basilikumblätter von den Stielen zupfen und zusammen mit Knoblauch, Pinienkernen, Parmesan, Zitronensaft, Öl und Honig mit dem Mixstab pürieren.
- Die Basilikummasse mit der Sahne und der Brühe 15-20 Minuten in einem Topf köcheln lassen, bis die Soße andickt.
- Mit Salz und Pfeffer abschmecken.
- Die Oliven grob hacken.
- Inzwischen Nudeln kochen, mit der Soße mischen und auf vorgewärmten Tellern anrichten.
- Mit Oliven, Chiliflocken und geriebenem Parmesan bestreuen.

PENNE MIT ROQUEFORT UND HONIG-SALBEI

schnell und herzhaft
für 4 Portionen

250 g Penne (oder Rigatoni)
80 g in Öl eingelegte, getrocknete Tomaten
6 Stangen Staudensellerie
1 Zwiebel
2 Knoblauchzehen
etwa 20–25 Salbeiblättchen
20 g Butter
1–2 TL Honig
150 g Roquefort
100 ml Gemüsebrühe
Salz
Pfeffer aus der Mühle

ZUBEREITUNG

- Selleriestangen waschen, putzen und in dünne Scheiben schneiden.
- Tomaten aus dem Öl nehmen und fein würfeln.
- Zwiebel und Knoblauch schälen und fein würfeln.
- Roquefort in kleine Würfel schneiden.
- 1 EL Öl der eingelegten Tomaten zusammen mit der Butter in einer Pfanne erhitzen. Salbeiblättchen darin bei schwacher Hitze vorsichtig anbraten, bis sie dunkelgrün werden.
- Honig zugeben und kurz wenden. Aus der Pfanne nehmen und einzeln auf Backpapier erkalten lassen.
- Penne nach Anleitung kochen und warm stellen.
- Selleriescheiben, Zwiebeln und Knoblauch in 2 EL Tomatenöl bei milder Hitze etwa 5 Minuten unter Rühren schmoren.
- Mit Gemüsebrühe ablöschen, Penne und getrocknete Tomaten zugeben und mit Salz und Pfeffer abschmecken.
- Die Roquefortwürfel untermischen und nur noch ganz kurz erwärmen.
- Auf vorgewärmten Tellern anrichten und mit gerösteten Honig-Salbeiblättchen garnieren.
- Dazu passen gemischter Salat und schwarze Oliven.

MEIN TIPP:
Wenn Sie keinen Roquefort mögen, können Sie ihn gegen jeden anderen Blauschimmelkäse, gegen einen herzhaften Bergkäse oder milden Butterkäse ersetzen. Sellerie können Sie auch durch Fenchel austauschen. Bei salzigem Käse nur vorsichtig salzen!

SÜßE VERFÜHRUNGEN

Honig verfeinert Süßes in einen wahren Gaumenschmaus. Kein Wunder: Schon Nektar galt in der Antike als liebliche Speise der Götter und viele Träume drehten sich um das Land, in dem Milch und Honig fließen.

Süße Hauptgerichte

KOKOSREIS MIT HONIG-MANGO

ausgefallen
für 4 Portionen

150 g Rundkornreis
500 ml Kokosmilch
500 ml Milch
1 Vanilleschote
1 Zimtstange
½ TL Ingwerpulver
50 g Kokosflocken
1 Prise Salz
1 Limette, unbehandelt
3 EL Honig
1 reife Mango
frische Pfefferminze

ZUBEREITUNG

- Reis abspülen und mit Kokosmilch, Milch (alternativ Reis- oder Hafermilch), Zimtstange, Vanillemark und ausgekratzter Vanilleschote, Ingwerpulver, Salz und 1 EL Honig in einen großen Topf geben und zum Kochen bringen.
- Bei niedrigster Temperatur und geschlossenem Deckel etwa 1 Stunde köcheln lassen. Gelegentlich rühren und bei Bedarf noch Milch zugeben.
- Zum Schluss die Kokosflocken unterrühren und nach Belieben mit Honig nachsüßen.
- Zwischenzeitlich die Limette gut waschen und aus einem Stück Schale sehr dünne Streifen schneiden oder mit dem Fadenzieher einige Streifen von der Limettenschale abziehen.
- Die Mango schälen und Fruchtfleisch vom Kern lösen.
- Aus den schönen Stücken 12 schmale Scheiben schneiden. Restliches Fruchtfleisch zusammen mit dem Limettensaft und 1–2 EL Honig mit dem Mixstab pürieren.
- Milchreis mit je 3 Mangoscheiben auf Tellern anrichten, Mangomark darauf verteilen und mit Limettenschale und etwas frischer Pfefferminze garnieren.
- Schmeckt warm oder kalt als Dessert.

Kokosreis mit Honig-Mango

Desserts

KARAMELLISIERTER KAISERSCHMARRN MIT APFELKOMPOTT

für Groß und Klein
ergibt 4 Portionen

FÜR DAS APFELKOMPOTT:
750 g Äpfel
500 ml Wasser
1 Zimtstange
1 Vanilleschote
60 g Honig
Saft einer Zitrone

FÜR DEN KAISERSCHMARRN:
300 g Mehl
½ l Milch
6 Eier
2 EL Butter
60 g Sultaninen
etwa ½ TL Salz
1 EL Mandelblättchen
1–2 EL Honig
Puderzucker zum Bestreuen

ZUBEREITUNG

- Für das Apfelkompott: Äpfel waschen, vierteln, Kerngehäuse und Schale entfernen und in etwa ½ cm dicke Spalten schneiden. Mit Zitronensaft beträufeln.
- Vanilleschote längs halbieren und Mark auskratzen.
- Äpfel mit Wasser, Zimtstange, Vanillemark, ausgekratzter Vanilleschote und Honig etwa 8–10 Minuten kochen, bis die Äpfel gar sind, aber nicht zerfallen.
- Zimtstange und Vanilleschote herausnehmen und Kompott kalt stellen.
- Die Mandelblättchen in der trockenen Pfanne bei mäßiger Hitze goldbraun rösten. Aus der Pfanne nehmen und beiseite stellen.
- Für den Kaiserschmarrn: Eier trennen und das Eiweiß sehr steif schlagen.
- Eigelb schaumig rühren und mit Mehl, Milch und Salz einen glatten Teig herstellen.
- Eischnee vorsichtig unterheben.
- Butter in einer Pfanne erwärmen und den Teig etwa 1 cm hoch eingießen. Bei mäßiger Hitze stocken lassen. Sultaninen einstreuen, solange der Teig an der Oberfläche noch etwas flüssig ist.
- Teig wenden. Bei Bedarf noch etwas Butter zugeben. In größere Stücke zerpflücken und von allen Seiten goldgelb backen.
- Honig darüber träufeln und kurz karamellisieren lassen.
- Auf Tellern anrichten, Mandelblättchen darüber streuen und mit Puderzucker bestäuben.
- Mit Apfelkompott servieren.

EDELKASTANIENHONIG-PARFAIT

sehr edel
für 4 Portionen

2 Eier
2 Eigelb
80–100 g Edelkastanienhonig
1 Vanilleschote
1 Becher Schlagsahne
1 Prise Salz

ZUBEREITUNG

- Schlagsahne steif schlagen und beiseite stellen.
- Eier und Eigelb, Honig und das Innere der Vanilleschote im heißen Wasserbad schaumig schlagen, bis eine zähe Masse entsteht. (Dabei braucht man etwas Geduld. Wenn das Wasserbad zu kalt ist, dickt die Masse nicht an; ist sie zu heiß, entsteht Rührei.)
- Geschlagene Sahne unterheben.
- Entweder in eine Kastenform oder in einzelne Förmchen füllen und einfrieren.

MEIN TIPP:
Sollten Sie keinen Edelkastanienhonig verwenden wollen, empfehle ich Ihnen einen anderen aromareichen Honig wie zum Beispiel Linden-, Löwenzahn-, Tannen-, Lavendel- oder Heidehonig. Auch die Zugabe von gerösteten, gehackten Nüssen oder Schokoladensplittern gibt dem Parfait einen eigenen Pfiff.

Schwarzwälder Kirchcreme mit Tannenhonig

SCHWARZWÄLDER KIRSCHCREME MIT TANNENHONIG

einfach und lecker
für 4 Portionen

500 g Magerquark
80 g Tannenhonig
80 g Zartbitterschokolade
4–6 EL Kirschwasser
1 Becher Schlagsahne
1 Glas Sauerkirschen

ZUBEREITUNG

- Sauerkirschen in einem Sieb gut abtropfen lassen.
- Sahne steif schlagen.
- Schokolade im Wasserbad schmelzen.
- Quark und Honig mit dem Handrührgerät gut verrühren, flüssige Schokolade unterrühren. Kirschwasser untermengen und die geschlagene Sahne zusammen mit den Sauerkirschen vorsichtig unterheben.
- Bis zum Servieren kalt stellen.

MEIN TIPP:
Sollten Sie keinen Tannenhonig zur Hand haben, können Sie auch Waldhonig verwenden. Für Kinder verzichten Sie auf das Kirschwasser.

TYPISCH SCHWARZWALD
Tannenhonig und Kirschwasser – an diesen Produkten kann man die Landschaftenn ablesen, die für den Schwarzwald typisch sind: dunkle Wälder in der Höhe und sanfte Obstwiesen in den Tälern.

Knusper-Müsli mit Joghurt und Honig

Müsli und Joghurt

KNUSPER-MÜSLI

knackig in Joghurt und Milch
für 4 Portionen

2 EL Butter
2 EL Honig
2 EL brauner Zucker
1 Päckchen Vanillezucker
200 g Haferflocken, blütenzart

ZUBEREITUNG

- Die Butter mit dem Honig, dem Zucker und dem Vanillezucker in einem Topf erwärmen.
- Haferflocken zugeben und alles gut vermischen.
- Auf ein mit Backpapier ausgelegtes Backblech streichen und etwa 30 Minuten bei 120–140 °C rösten.
- Zwischendurch mit einer Gabel wenden.
- Abkühlen lassen und nach dem Erkalten etwas auseinanderzupfen.

EINFACH UND LECKER

Ein sehr einfaches aber köstliches Dessert ist Joghurt mit Honig. Dazu 1 Becher Naturjoghurt und 1–2 TL flüssigen Honig leicht verrühren und der Gaumenschmaus ist fertig.

HONIG-FRUCHTJOGHURT

einfach und preiswert
für 4 Personen

500 g Naturjoghurt
400 g Früchte oder Beeren nach Geschmack
2–3 EL Honig

ZUBEREITUNG

- Früchte und Beeren waschen, putzen und in mundgerechte Stücke zerteilen.
- Mit Honig süßen und unter den Naturjoghurt rühren.

Gebäck

OBSTKUCHEN MIT HONIG-STREUSELN VOM BLECH

der Klassiker
ergibt 1 Blech

FÜR DEN TEIG:
400 g Mehl
1 Päckchen Backpulver
135 g Butter
30 g Honig
knapp ½ TL Salz
160 ml Milch

ZUM BELEGEN:
1 ½ kg Äpfel, Pflaumen, Zwetschgen, Kirschen oder Aprikosen
50 g Mandelblättchen oder -stifte
50 g Sultaninen

FÜR DIE STREUSEL:
400 g Mehl
200 g Butter
200 g Honig
1 Päckchen Vanillezucker

ZUBEREITUNG

- Für den Teig: Mehl in eine Schüssel geben, Backpulver hineinsieben, Butter in Flöckchen zugeben und mit Honig, Salz und Milch zu einem glatten Teig kneten.
- Teig auf einer bemehlten Arbeitsfläche ausrollen und in ein gefettetes Backblech legen.
- Für den Belag: Obst waschen, gegebenenfalls entsteinen oder schälen und in Stücke schneiden. Auf den Teig legen.
- Mandeln und Sultaninen darüber streuen.
- Für die Streusel: Butter bei sehr geringer Temperatur in einem Töpfchen schmelzen. Mehl, Honig und Vanillezucker in eine Schüssel geben und zusammen mit der abgekühlten, flüssigen Butter zu Streuseln verarbeiten.
- Über Obst und Mandeln verteilen.

BACKEN:

- bei 175 °C etwa 45–50 Minuten, bzw. bis das Obst gar ist und anfängt zu saften.

HONIG STATT ZUCKER VERBACKEN

Sie können Zucker in Backrezepten durch Honig ersetzen. Beachten Sie:
Die Flüssigkeitsmenge um etwa ein Fünftel reduzieren, da Honig etwa 20 % Wasser enthält.
Statt 100 g Zucker reichen 75 g Blütenhonig, denn Blütenhonig hat eine höhere Süßkraft als Zucker. Das gilt nicht für Waldhonig. Hier müssen Sie unter Umständen sogar nachsüßen.
Senken Sie die Temperatur etwas und verlängern Sie dafür die Backzeit, denn Honig sorgt für eine kräftigere Bräunung.

KÄSEKUCHEN MIT HONIG-INGWER-BIRNE

etwas Besonderes
für 1 Springform

750 g reife, feste Birnen
1 TL Ingwerpulver
1 haselnussgroßes Stück Ingwer
2 EL Honig
Saft einer ½ Zitrone
bei harten Birnen zusätzlich 400-500 ml Wasser und Saft einer halben Zitrone

FÜR DEN BODEN:
220 g Butter
180 g Zucker
3 Eier
40 g Kakaopulver
220 g Mehl
2 TL Backpulver

FÜR DEN BELAG:
70 g Butter
100-120g Honig
das Mark einer Vanilleschote
2 TL Ingwerpulver
1 Prise Salz
500 g Magerquark
2 Eier
2 EL Mehl
100 ml Sahne

ZUBEREITUNG
- Birnen schälen, Kerngehäuse entfernen und in dünne Spalten schneiden. Ingwer schälen und sehr klein hacken oder reiben. Birnen zusammen mit Ingwer, Ingwerpulver, Honig und Zitronensaft gut mischen. Harte Birnen mit Wasser und Saft einer halben Zitrone in einem Topf kurz aufkochen, so dass die Birnen gar sind, aber nicht zerfallen. Erkalten lassen, überschüssigen Saft abgießen und anschließend würzen.
- Eine Springform gut fetten.
- Für den Boden: Mehl, Kakao und Backpulver sieben und miteinander mischen.
- Butter mit Zucker und den Eiern mit dem Handrührgerät schaumig rühren.
- Mehlmischung unterrühren und den Teig in die Springform gießen und glatt streichen.
- Die abgetropften Birnen gleichmäßig darauf verteilen.

Käsekuchen mit Honig-Ingwer-Birne

- Für den Belag: Butter mit Honig, Vanille, Ingwerpulver und Salz schaumig rühren. Sahne steif schlagen.
- Eier, Quark, Mehl und Sahne unterrühren. Auf den Birnen verteilen.

BACKEN
- Bei 180 °C etwa 70-80 Minuten bzw. bis die Quarkmasse fest ist.

MEIN TIPP:
Wenn Sie keine Birnen oder keinen Ingwer mögen, lassen Sie den Ingwer einfach weg und ersetzen Sie die Birnen durch ein Glas entsteinte Sauerkirschen.

GROßMUTTERS HONIG-LEBKUCHEN

lange haltbar
ergibt 2 Bleche

Für den Teig:
500 g Honig
500 g Butter
500 g Zucker
¼ l Wasser
1 Päckchen Lebkuchengewürz
1 kg Mehl
je 1 TL gemahlener Ingwer, Zimt, Piment
1 Prise Salz
20 g Hirschhornsalz
Mandeln, Nüsse, Zitronat oder Orangeat nach Belieben

FÜR DIE GLASUR:
1 Zitrone, unbehandelt
1 Päckchen Puderzucker

ZUBEREITUNG

- Zitronenschale abreiben, Saft auspressen.
- Hirschhornsalz mit 1 EL Mehl mischen.
- Honig, Butter, Zucker und Wasser in einem Topf erwärmen, bis sich alles gemischt hat.
- Zitronenschale, Lebkuchengewürz, Ingwer, Zimt, Piment und Salz einrühren.
- Nach Belieben Mandeln, Nüsse, Zitronat oder Orangeat zugeben.
- Mehl und das mit Mehl gemischte Hirschhornsalz gut untermischen.
- Auf zwei gefettete Kuchenbleche streichen.

BACKEN

- Bei 180 °C etwa 20 Minuten
- Puderzucker mit Zitronensaft glatt rühren. Lebkuchen sofort nach dem Backen damit bestreichen.
- Erst völlig erkaltet in Quadrate schneiden.

RAFFINIERTE GETRÄNKE

Wer den Honiggeschmack mag, wird ihn auch in Getränken nicht missen wollen. Diese leckeren alkoholischen und nicht-alkoholischen Getränke machen sicher Lust auf mehr: Seien Sie kreativ und mixen Sie sich Ihren eigenen Honig-Drink. Viel Spaß dabei.

Ohne Alkohol

LAVENDEL-HONIG-LIMONADE

sommerlicher Genuss
für etwa 600 ml

500 ml Wasser
etwa 20 Lavendelblüten
1 Beutel Früchtetee (oder Malventee)
1 Zitrone, ausgepresst
100 g Honig

ZUBEREITUNG

- Lavendelblüten kurz in Wasser aufkochen.
- Früchteteebeutel darin schwenken, bis die Flüssigkeit eine schöne violette Farbe aufweist.
- Nach dem Abkühlen abseihen und Honig und Zitronensaft zugeben.
- Im Kühlschrank aufbewahren und innerhalb weniger Tage verbrauchen.
- Je nach Geschmack mit Mineralwasser oder Sekt gemischt servieren.

HONIG-GINGER ALE

etwas Besonderes
für etwa 600 ml

500 ml Wasser
1 daumengroßes Stück Ingwer
Saft 1 Zitrone
100 g Honig

ZUBEREITUNG

- Ingwer schälen und sehr fein schneiden oder reiben.
- Mit kochendem Wasser übergießen und 10 Minuten ziehen lassen.
- Nach dem Abkühlen abseihen und Honig und Zitronensaft zugeben.
- Im Kühlschrank aufbewahren und innerhalb weniger Tage verbrauchen.
- Mit Mineralwasser oder Sekt gemischt servieren.

HONIG-ZITRONENLIMO

schmeckt auch Kindern
für etwa 600 ml

500 ml Wasser
Saft von 10 Zitronen
100 g Honig

ZUBEREITUNG

- Wasser, Honig und Zitronensaft mischen und kurz aufkochen.
- Im Kühlschrank aufbewahren und innerhalb weniger Tage verbrauchen!
- Mit Mineralwasser gemischt servieren.

Lavendel-Honig-Limonade

Mit Alkohol

WEIHNACHTSLIKÖR MIT HONIG

ein hübsches Weihnachtsgeschenk
für etwa 2 Liter

900 ml Apfelsaft, naturtrüb
900 ml Wodka
350 g Honig
2 Zimtstangen
4 Gewürznelken
1 walnussgroßes Stück Ingwer
½ TL Lebkuchengewürz
je 2 Scheiben Zitronen-, Orangen- und Mandarinenschale

ZUBEREITUNG

- Apfelsaft leicht erwärmen und Honig darin auflösen.
- Wodka und Lebkuchengewürz zugeben.
- Ingwer schälen und in 4 Stücke teilen.
- In zwei 1-Liter-Flaschen je eine Zimtstange, 2 Gewürznelken, 2 Ingwerstückchen und je eine Scheibe Zitronen-, Orangen- und Mandarinenschale geben und jeweils die Hälfte des Likörs einfüllen.
- Verschließen und 1–2 Wochen ziehen lassen.
- Abseihen, in dekorative Fläschchen füllen und hübsch beschriften.

GERMANENTRUNK

Wenn wir an Getränke mit Honig denken, kommt uns zuallererst der Met in den Sinn. Met, auch Honigwein genannt, ist eine vergorene Mischung aus Honig und Wasser und das älteste bekannte alkoholische Getränk. Besonders die alten Germanen schätzten es sehr. Seine Herstellung ist jedoch nicht ganz einfach und braucht einiges an Erfahrung.

Weihnachtslikör mit Honig
Wodka, Honig, Gewürze

SERVICE

KLEINES BIENEN-GLOSSAR

Damit Sie sich beim Besorgen der Rohstoffe und beim Verstehen von Herkunft und Wirkung der Bienenprodukte leichter tun, finden Sie hier alle wichtigen Begriffe rund um die Biene.

Ableger	Will ein Imker ein Bienenvolk teilen, hängt er Bienen, Futter- und Brutwaben in eine neue Beute (siehe dort) und setzt entweder eine neue Königin hinein oder hofft darauf, dass die Bienen eine neue Königin ziehen. Das neue Volk ist dann der Ableger.
Ammenbiene	Diese Arbeiterbienen sind darauf spezialisiert, die Brut zu füttern. Es sind meist die jüngsten Bienen des Volkes.
Arbeiterin	Die Arbeiterin ist die am häufigsten vorkommende Biene im Stock. Sie ist eine weibliche Biene, die sich nicht fortpflanzt und alle anfallenden Arbeiten übernimmt.
Beute	Die Beute ist die Behausung, die der Imker seinen Bienen als Nisthöhle zur Verfügung stellt.
Bienenstock	Ein Stock bezeichnet die Beute mitsamt dem Bienenvolk.
Drohn	Der Drohn ist die männliche Biene.
Gelée Royale	Die Königin erhält als Nahrung das proteinreiche Gelée Royale – das „königliche Gelee".
Honig	Nur das Produkt darf sich Honig nennen, das Bienen von ihrer Trachtquelle (also von lebenden Pflanzen oder vom Honigtau) sammeln, verarbeiten und in ihren Waben einlagern.
Honigblase	Die Honigblase ist sozusagen der Magen der Biene: Hier werden Nektar oder Honigtau durch Enzyme zu Honig veredelt.
Honigtau	Der zuckerhaltige Stoff, den Läuse ausscheiden und den Bienen sammeln, nennt man Honigtau. Aus ihm entsteht Wald- und Tannenhonig.
Imker	Wer Bienen hält, züchtet und vermehrt und wer Honig erntet und verarbeitet ist ein Imker. Bienen halten darf jeder, doch wer in Deutschland eine Ausbildung zum Imker machen will, ist hinterher ein Tierwirt, Fachrichtung Imkerei.
Königin	Sie ist das Herz des Bienenvolks und gleichzeitig die Dienerin des Volkes. Sie sorgt dafür, dass immer wieder neue Arbeiterinnen entstehen, denn nur sie legt die befruchteten Eier. Mithilfe von Duftstoffen wird jeder Vorgang im Bienenstock reguliert. Wenn ein Volk unzufrieden ist, wird die Königin kurzerhand ausgetauscht. Sie ist nicht wie allgemein angenommen, die Herrscherin und Leiterin des Volks.

Kristallisation	Bei der Honigkristallisation bilden sich Zuckerkristalle, meistens aus Traubenzucker. Die flüssigen und gelösten Bestandteile, wie zum Beispiel Wasser, Fruchtzucker, Mineralstoffe, Enzyme, Vitamine, befinden sich dann in den Zwischenräumen des Kristallgefüges. Die Zusammensetzung des Honigs verändert sich dadurch nicht.
Nektar	Nektar ist durch die Nektarien gefilterter Siebröhrensaft, also der süße Saft der Pflanzen und der Rohstoff des Blütenhonigs.
Propolis	Bienen sammeln Pflanzenharze und produzieren daraus Propolis, um damit ihre Behausung auszukleiden und abzudichten. Es ist ihr Kittharz und ihr natürliches Antibiotikum.
Pollen	Pollen sind die männlichen Keimzellen der Pflanzen und sehr eiweißreich. Sie dienen der Aufzucht der Brut und als Nahrung für die Ammenbienen, damit diese Futtersäfte produzieren können. Indem Bienen Pollen sammeln, sorgen sie für die Befruchtung der Pflanzen.
Rähmchen	So heißt der Holzrahmen, den der Imker den Bienen gibt, damit sie darin ihre Waben bauen.
Sammel- oder Flugbiene	Die Krönung des Bienenlebens besteht darin, endlich als Sammlerin auszufliegen und die für das Volk lebenswichtigen Rohstoffe wie Nektar, Honigtau, Pollen oder Harze nach Hause zu bringen.
Schwarm	Einen Schwarm gibt es immer dann, wenn eine zweite Königin im Volk gezogen wird. Mit der alten Königin verlässt ein Teil des Volkes den Stock – er schwärmt aus. Auf diese Art und Weise werden aus einem Bienenvolk zwei Völker. Der Schwarm ist somit die natürliche Form der Bienenvölker, sich zu vermehren.
Schwarmkontrolle	Im Frühjahr und Frühsommer muss der Imker immer wieder kontrollieren, ob ein Volk zum Schwärmen bereit ist. Das versucht er gegebenenfalls zu verhindern, denn sonst fehlt ihm auf einmal ein Teil seiner Bienen und er kann nicht mehr so viel Honig ernten.
Stockbiene	Auch im Bienenvolk muss alles in Ordnung gehalten werden. Es wird geputzt, gebaut, der Honig muss eingelagert und getrocknet werden, die Königin muss versorgt werden und vieles mehr. Dafür sind die Stockbienen zuständig.

Tracht	Die Blütenpflanzen, die Bienen zu ihrer Ernährung aufsuchen, werden als Bienenweide oder Tracht bezeichnet. Der eingetragene Honig stammt somit von einer Trachtpflanze bzw. Trachtquelle.
Varroa	Die Varroa-Milbe ist ein Brutparasit. Sie kann ein Bienenvolk so stark schädigen, dass es stirbt, die Bienen sind machtlos gegen den Parasiten. Eine wichtige Aufgabe des Imkers ist es daher, sein Volk varroafrei zu halten.
Wächterbiene	Die wehrhaften Wächterbienen verteidigt das Flugloch gegen Eindringlinge aller Art.
Winterbiene	Bienen, die während des Winters im Stock leben, müssen keine Vorräte sammeln und auch nur wenig Brutpflege betreiben. Deswegen können Sie mehrere Monate alt werden. Sie sterben erst, wenn im Frühling die erste neue Brut geschlüpft ist.

KOSMETISCHE ZUTATEN VON A BIS Z

Die Zutaten für Naturkosmetik sind vielfältig. Eine alphabetische Übersicht hilft Ihnen beim Einkauf und der richtigen Verwendung.

Das entzündungshemmende Hanföl wird aus den Samen der Hanfpflanze gewonnen.

Fette und Öle

BASISÖLE

Aprikosenkernöl	Das dünnflüssige, sehr helle Öl wird durch Pressen oder Extraktion aus den Kernen der Aprikosen gewonnen. Es duftet ganz leicht nach *Marzipan*. Es ist etwa 4–6 Monate haltbar und kann in unbegrenzter Menge für Haut- und Massageöle, Badeöle, Babyöle, Emulsionen bei Mischhaut, empfindlicher, trockener, spröder und rissiger Haut eingesetzt werden. Es ist ein halb trocknendes Öl und aktiviert die Hautfunktionen. Es sollte nicht über 65 °C erwärmt werden.

Babassuöl	Babassu ist eine Palmenart, die in Brasilien beheimatet ist. Die Samen der Babassu-Palme werden ausgepresst, das Öl ähnelt dem Kokosöl: Bei Raumtemperatur ist es fest und es schmilzt bei etwa 21–25 °C. Kaltgepresstes, unraffiniertes Babassuöl ist gelb mit einem *vanilleähnlichen Duft.* Meistens ist es aber als klares, fast geruchloses, raffiniertes Öl zu kaufen. Es ist zwar ein nicht trocknendes Öl, zieht aber trotzdem gut ein und hinterlässt keinen Fettglanz. Es kann in unbegrenzter Menge für Emulsionen, Massageöl für jede Haut, besonders für feuchtigkeitsarme Haut, für fette Haut mit Unreinheiten und für spröde, schuppige Haut eingesetzt werden. Babassuöl lässt sich gut erhitzen.
Hanföl	Hanföl wird aus den Samen der Hanfpflanze gewonnen und ist dunkelgelb bis dunkelgrün. Normalerweise beträgt der THC-Gehalt unter 0,3 Prozent, kann bei unsachgemäßer Herstellung jedoch erhöht sein. Deswegen sollte beim Einkauf auf die *Qualität* geachtet werden. Hanföl ist ein halbtrocknendes bis trocknendes Öl und eignet sich gut als Basisöl für fette Haut, Akne, entzündete, trockene, raue Haut und bei Neurodermitis. Sein Fettsäurespektrum ähnelt dem unserer Haut. Das Öl fördert die Zellneubildung und wirkt entzündungshemmend. Es sollte nicht stark erhitzt und kühl und dunkel gelagert werden.
Distelöl	Distelöl wird durch Kaltpressung aus den Samen der Färberdistel gewonnen. Es hat eine kräftige, *goldgelbe Farbe* und ist etwa 3–4 Monate haltbar. Es ist ein trocknendes Öl und kann in unbegrenzter Menge für Hautöle und Emulsionen bei fetter Haut mit Akne, bei normaler Haut mit Neigung zu Entzündungen und bei Mischhaut mit öliger Tendenz eingesetzt werden. Es sollte nicht über 65 °C erhitzt werden.

Jojobaöl	Jojobaöl wird durch Pressen aus den Fruchtsamen des Jojobastrauches gewonnen. Es ist goldgelb und sehr lange haltbar. Da es nicht aus Triglyceriden besteht, sondern aus Estern langkettiger Fettsäuren und Alkoholen ist es eigentlich kein Öl, sondern ein *flüssiges Wachs*. Es erstarrt bei Temperaturen unter 7 °C. Jojobaöl ist allerdings sehr hoch erhitzbar (bis zu 300 °C). Das Öl zählt zu den nicht trocknenden Ölen, ist aber für jeden Hauttyp geeignet. Es zieht sehr gut ein, hinterlässt einen ganz feinen, wachsigen Film und hilft bei entzündeter Haut, bei Schuppen, Sonnenbrand und Akne. Jojabaöl hat die Eigenschaft eines Co-Emulgators. Emulsionen mit Jojobaöl werden relativ fest und gelingen gut.
Kakaobutter	Die hellgelbe und dezent nach *Schokolade* duftende Kakaobutter wird aus Kakaobohnen gepresst. Sie schmilzt bereits bei 30–35 °C und zählt zu den nicht trocknenden Ölen. Sie wird bis zu einer Einsatzmenge von 35 % vorwiegend für die Nachtpflege bei trockener, reifer und spröder Haut und für Balsame und Salben verwendet, da sie einen leichten Fettglanz hinterlässt. Cremes mit Kakaobutter bleiben einige Tage sehr weich, bevor sich die Bestandteile verbunden haben. Wenn die Kakaobutter zu stark erhitzt wurde, wird die Creme nicht fest.
Kokosnussöl (Kokosöl, Kokosfett)	Dieses Öl wird aus dem Fleisch der Kokosnuss durch Pressen und Auskochen gewonnen und duftet stark nach Kokos. Der Duft ist bei raffiniertem Öl allerdings kaum mehr wahrnehmbar. Kokosfett ist erst bei Temperaturen über 25 °C flüssig. Das nicht trocknende Öl *wirkt kühlend* und beruhigend und kann unbegrenzt für Haut- und Massageöle, Emulsionen und Haarpflegeprodukte eingesetzt werden. Angewendet wird es bei sehr trockener und rissiger Haut, bei reifer und sonnengeschädigter Haut, bei Neurodermitis und bei trockenen und spröden Haaren. Es verträgt hohe Temperaturen.
Macadamianussöl	Das kaltgepresste Öl ist hellgelb und duftet schwach nussig. Das nicht trocknende Öl lässt sich trotzdem gut einmassieren und zieht relativ schnell ein. Es wirkt regenerierend und regulierend auf den Verhornungsprozesse und wird deswegen gerne für Haut- und Massageöle, Emulsionen bei trockener, schuppiger Haut und empfindlicher Haut und bei spröden und brüchigen Haaren verwendet. Es ist hoch erhitzbar, aber leider *etwas teuer*.

Mandelöl, süß

Das hellgelbe, leicht duftende Öl wird durch Kaltpressung aus den Mandelkernen gewonnen. Das nicht trocknende Öl ist für jeden Hauttyp geeignet, da es gut von der Haut aufgenommen wird und sich nicht so schwer und fettig auf der Haut anfühlt. Das Öl hat reizmildernde und beruhigende Eigenschaften und eignet sich auch sehr gut zur *Babypflege.* Es sollte vor direkter Sonneneinstrahlung geschützt und nicht über 70 °C erwärmen werden.

Mangobutter

Die feste, gelbliche, fast geruchsneutrale Mangobutter wird aus dem fettreichen Kern der Mangofrüchte gepresst und ist meist nur raffiniert erhältlich. Sie schmilzt bei 35–40 °C und zählt zu den nicht trocknenden Ölen. Sie zieht trotzdem recht gut in die Haut ein und hat feuchtigkeitsspendende, glättende und erweichende Eigenschaften. Mangobutter fühlt sich auf der Haut leichter an als Kakaobutter und Sheabutter und kann gut als Ersatz für diese verwendet werden. Sie verträgt, wie jede Butter, keine große Hitze und sollte nur *schonend erwärmt* werden.

Olivenöl

Olivenöl wird aus den Früchten des Olivenbaums gewonnen und ist gelb bis grünlich-gelb mit typischem Geruch. Das nicht trocknende Öl ist gut erhitzbar und bis zu einem Jahr haltbar. Es wird als Basisöl für trockene, reife und rissige Haut, in der *Nagelpflege* und für Haarpackungen und Ölbäder verwendet. Es erzeugt reichhaltige Cremes, da es nur langsam in die Haut eindringt und einen leichten Fettfilm hinterlässt. Olivenöl bindet die Feuchtigkeit und macht die Haut weich und geschmeidig.

Pfirsichkernöl

Pfirsichkernöl ist dünnflüssig, hellgelb und *duftet zart nach Mandeln.* Das halb trocknende Öl ist als Basisöl für jeden Hauttyp geeignet, da es sich gut verteilen lässt und schnell einzieht. Weil es den Hautstoffwechsel aktiviert, wirkt es beruhigend bei Hautproblemen. Es kann für Cremes, Massageöle und als Badezusatz verwendet werden. Pfirsichkernöl sollte lichtgeschützt und kühl gelagert werden.

Rapsöl

Das *honiggelbe, nussig duftende Öl* wird aus den Samen der Rapspflanze gewonnen. Das halb trocknende Öl kann für alle kosmetischen Mischungen bei trockener Haut, reifer Haut, schuppiger Haut, rissiger Haut und schlecht durchbluteter Haut verwendet werden. Es hat ähnliche Eigenschaften wie Olivenöl und sollte nicht über 70 °C erwärmt werden.

Rizinusöl	Das gelbliche, dickflüssige Öl wird aus den Samen der Rizinuspflanze gewonnen. Das halb trocknende Öl wird nur selten in der Kosmetik eingesetzt, außer für Lippenpflege und Lipgloss, da es pur aufgetragen einen *schönen Glanz* gibt. Es kommt bei der Seifenherstellung zum Einsatz, da es einen schönen, stabilen Schaum erzeugt.
Sheabutter (Karité)	Das nicht trocknende, gelbliche Fett wird aus den Fruchtkernen des Karitébaumes gewonnen. Es schmilzt bei 40–45 °C. Der natürliche Gehalt an Allantoin und den Vitaminen A und E macht sie zu einem wertvollen Salben- und *Cremegrundstoff*. Sheabutter spendet Feuchtigkeit, hat einen leichten Sonnenfilter und erzeugt sahnige und stabile Emulsionen. Sie wird verwendet für trockene, empfindliche, reife und entzündete Haut, in Sonnenschutzmitteln, bei Hautkrankheiten wie Schuppenflechte und auch pur zur Haarpflege bei trockenem, sprödem Haar und Spliss. Sie macht die Haut geschmeidig und elastisch. Sheabutter ist sehr hitzeempfindlich. Für die Verarbeitung gilt das gleiche wie für Kakaobutter.

Die Rapspflanze – besonders wertvoll als Bienenweide und zur Ölgewinnung.

Sojaöl	Sojabohnen liefern ein dünnflüssiges, hellgelbes, trocknendes Öl mit neutralem Geschmack und Geruch. Es wird gut von der Haut aufgenommen und schützt vor *Feuchtigkeitsverlust.* Es wird für fette, unreine, empfindliche und Mischhaut mit öliger Tendenz und für Badeöle verwendet. Sojaöl ist nicht lange haltbar und kann auch auf der Haut einen leicht ranzigen Geruch entwickeln. Gemischt mit einem anderen Basisöl wird es haltbarer. Nicht über 65 °C erwärmen.
Sonnenblumenöl	Das aus den Sonnenblumenkernen gepresste, hell- bis dunkelgelbe, dünnflüssige und leichte Öl zählt zu den trocknenden Ölen. Sein Duft ist *relativ neutral.* Es wird in unbegrenzter Menge in Hautöle, Emulsionen und Badeöle gerührt und wird vorwiegend bei fetter, unreiner und Mischhaut mit öliger Tendenz und in der Sonnenschutzkosmetik verwendet. Das Öl ist nicht hoch erhitzbar und auch nicht sehr lange haltbar.
Traubenkernöl	Das Öl wird durch Kaltpressung aus den Kernen der Weintraube gewonnen und danach schonend raffiniert, um problematische Inhaltsstoffe herauszufiltern. Traubenkernöl ist hellgrün und klar mit einem *bitter-süßlichen Geruch* und Geschmack. Das halb trocknende Öl lässt sich gut verteilen, zieht ohne Fettglanz schnell ein und bewahrt die Elastizität und Feuchtigkeit der Haut. Es reguliert den Talgfluss und wirkt gegen Verhornungen. Emulsionen mit Traubenkernöl sind leicht und nicht fettend, es wird daher als Basisöl für fette, reife und Mischhaut verwendet. Nicht über 60 °C erwärmen.
Weizenkeimöl	Aus den Keimlingen der Weizenkörner wird ein orangerotes Öl gepresst. Es ist dickflüssig und duftet intensiv nach Getreide. Dieser Duft ist auch in Emulsionen deutlich wahrnehmbar. Dieses halb trocknende Öl festigt das Bindegewebe, reguliert den Hautstoffwechsel und regt die Zellneubildung an. Weizenkeimöl wirkt schwer und fettig auf der Haut. Der hohe Lecithingehalt lässt es dennoch relativ schnell einziehen. Emulsionen mit Weizenkeimöl sind intensiv pflegend und hinterlassen einen sanft schützenden Film. Weizenkeimöl wirkt hervorragend bei der *Narbenpflege.* Es wird als Basisöl für trockene, reife Haut, in Haarpflegeprodukten bei trockenen, spröden Haaren und Spliss und in Massageölen gegen Cellulitis verwendet.

Wildrosenöl (Hagebuttensamenöl)	Hagebuttenöl ist dunkelgelb, manchmal auch leicht bräunlich und dünnflüssig. Seine Haltbarkeit ist sehr gering (etwa 8–10 Wochen). Es stärkt die Zellmembranen und die Elastizität der Haut und der Haare. Es reguliert die Talgdrüsenfunktion und den Wasserhaushalt und wirkt entzündungshemmend. Obwohl es ein trocknendes Öl ist, ist es aufgrund seiner besonderen Zusammensetzung auch für trockene Haut geeignet. Es wird für Hautöle und Emulsionen für empfindliche, reife, trockene, fette Haut mit Akne und (sonnen-)geschädigte Haut, bei Schuppenflechte, bei vorzeitiger Hautalterung und Falten und in Haarpflegeprodukten bei geschädigtem Haar verwendet. Das Öl ist *relativ teuer*. Nicht erhitzen!
Bienenwachs	Bienenwachs wird entweder gelb (natürliches Bienenwachs – Cera flava) oder weiß (gereinigtes Bienenwachs – Cera alba) angeboten. Der Schmelzpunkt liegt bei 61–66°C. Die Hauptbestandteile sind Ester von langkettigen Fettalkoholen, Fettsäuren und Kohlenwasserstoffe. Bienenwachs hat eine leichte, *natürliche Emulgatorwirkung*. Durch den Zusatz von Bienenwachs wird die Creme nicht nur fester, sondern auch griffiger und kompakter. Es wird vorwiegend für Lippen- und Pflegestifte, für Emulsionen bei rissiger Haut, zur Babypflege und zur Stabilisierung von Salben und Cremes verwendet. Bei bekannter Pollenallergie sollte Bienenwachs nicht verwendet werden

Aus Sanddornfrüchten wird das stark färbende Sanddornfruchtfleischöl gewonnen.

Mazerate und Pflanzenölauszüge

Calendulaöl (Ringelblumenöl)	Die gelb-orangefarbenen Calendulablüten werden in Oliven- oder Sojaöl mazeriert, das heißt die Calendulablüten werden in Öl gelegt und geben ihre Wirkstoffe an das Öl ab. Zur Stabilisierung wird Vitamin E zugesetzt. Das Öl ist relativ geruchsneutral und *orangefarben* durch das enthaltene Carotin. Es wirkt durchblutungsfördernd, wundheilend und wird bei rauer, rissiger, trockener, schuppiger, unreiner, empfindlicher und gereizter Haut eingesetzt. Es findet sich auch in der Babypflege und in Sonnenschutzcremes. Die Emulsionen erhalten einen zarten orangefarbenen Ton.
Kamillenöl	Die Blüten der Deutschen Kamille werden in Pflanzenöl, meist Jojoba- oder Olivenöl mazeriert. Das entstandene Öl wirkt entzündungshemmend, beruhigend und reizlindernd und *fördert die Heilung*. Es wird bei fetter, unreiner, trockener, reifer und empfindlicher Haut, bei Mischhaut mit Tendenz zu Unreinheiten, bei trockenem Haar, Schuppen, in Sonnenschutzcremes und in After-sun-Pflegeprodukten verwendet. Manche Menschen reagieren allergisch auf Kamille.
Karottenöl (Carotinöl)	Karottenöl ist ein öliger Karottenextrakt. Es enthält Beta-Carotin und die Vitamine A und E und wirkt dadurch straffend, belebend und beruhigend auf die Haut. Das Öl verbessert die Zellteilung, *verringert die Faltentiefe* und erhöht den Stoffwechsel der Haut. Es wird bei Hautölen und Emulsionen für trockene, spröde, reife und schuppige Haut und für trockene, schuppige Kopfhaut, bei Sonnenschutzcremes und After-sun-Pflegeprodukten verwendet. Das Öl ist sauerstoff- und lichtempfindlich und sollte luftdicht und dunkel aufbewahrt werden Es ist stark färbend und sollte daher nicht zu hoch dosiert werden,
Sanddornfruchtfleischöl	Es wird aus dem Fruchtfleisch der Sanddornbeeren kalt gepresst oder mittels CO_2-Extraktion gewonnen. Es hat einen hohen Gehalt an Carotinoiden und wirkt regenerierend und entzündungshemmend auf die Haut und regt den Hautstoffwechsel an. Da es stark färbt, wird es *nur tropfenweise* vor allem für trockene, reife Haut, (sonnen-)geschädigte und rissige Haut und in *Anti-Aging-Produkten* verwendet.

Emulgatoren

FÜR CREMES

Emulsan	Emulsan wird aus pflanzlichen Rohstoffen gewonnen und besteht aus Palmitin- und Stearinsäure und aus Glucose. Emulsan ist aber nicht nur Emulgator, es spendet auch Feuchtigkeit für empfindliche, trockene und reife Haut. Er verleiht ein *weiches, glattes Hautgefühl,* die Emulsionen lassen sich gut verteilen und ziehen gut ein. Die Emulsionen mit Emulsan sind zuerst noch sehr flüssig, erhalten aber schon nach wenigen Stunden ihre endgültige Konsistenz.
Fluidlecithin Super	Die goldgelbe, klare Flüssigkeit wird aus Sojabohnen gewonnen und mit 50 % Distelöl gemischt. Meist wird es mit Vitamin E konserviert. Fluidlecithin Super ist geruchsneutral und besitzt eine ausgesprochen *gute Emulsionskraft.* Es eignet sich daher für alle Arten von Emulsionen, für Cremes, Lotionen und Badeöle. Es ist leider recht teuer.
Lamecreme	Lamecreme ist ein synthetisch hergestellter Emulgator auf der Basis von Fetten der Stearin- und Palmitinsäure und Zitronensäureestern. Er kann Emulsionen vom Typ Öl-in-Wasser, vom Typ Wasser-in-Öl sowie *Mischemulsionen* bilden. Zur Herstellung von Cremes verarbeitet man Lamecreme zusammen mit den Ölen.
Cetylalkohol	Cetylalkohol zählt zur Gruppe der Fettalkohole. Die weißen, *wachsartigen Perlen* oder Plättchen schmelzen bei 50 °C. Cetylalkohol hat leicht emulgierende Eigenschaften, unterstützt die Wirkung des Emulgators, wird als Konsistenzgeber und Co-Emulgator vorwiegend bei fetter Haut, unreiner Haut, Handpflegecremes, Waschlotionen und Peelings, Haarspülungen und -kuren eingesetzt. Zu hohe Konzentrationen erzeugen ein stumpfes Gefühl auf der Haut, die Cremes lassen sich schwer verteilen, deshalb sollte Cetylalkohol sparsam eingesetzt werden.

Lysolecithin

Lysolecithin ist ein durch enzymatische Veränderung aufbereitetes Lecithin, dadurch wird die Wasserlöslichkeit erhöht. Es ist für heiß- und kaltgerührte Emulsionen einsetzbar und kann, wie Fluidlecithin Super, auch in einer fertigen Emulsion nachdosiert werden. Die Emulsionen erhalten, bedingt durch die dunkle Farbe, einen *leichten Vanille-Farbton.* Sie sind zunächst sehr flüssig und benötigen 1–2 Tage, um ihre endgültige Konsistenz zu erreichen. Lysolecithin wird für leichte, nicht fettende Emulsionen für fette Haut und Mischhaut, als Co-Emulgator für trockene Haut und für ölige Badezusätze verwendet. Lysolecithin hat einen starken Eigengeruch.

FÜR BADEZUSÄTZE UND WÄSSRIGE LÖSUNGEN

Mulsifan

Die ölige, klare Flüssigkeit wird synthetisch unter Verwendung von Fettalkoholen hergestellt. Die Flüssigkeit kann bei niedrigen Temperaturen fest werden. Mulsifan ist in Ölen löslich, im Wasser nur verteilbar. Mulsifan wird vorwiegend für *Badeöle* verwendet.

Lösungsvermittler LV 41

Diese klare, sirupartige Flüssigkeit wird aus gehärtetem Rizinusöl hergestellt. Bei diesem Verfahren kann Dioxan entstehen. Lösungsvermitteler (LV) 41 enthält PEG (Polyethylenglycol, ist ebenfalls unter dem Namen Magrocol bekannt und wird auch zur Herstellung von wässrigen Propolislösungen verwendet).
LV 41 dient als Emulgator für ätherische Öle, Parfümöle und öllösliche Vitamine in wässrigen Lösungen. Die Haut- und Schleimhautverträglichkeit wird im Allgemeinen mit gut bewertet. Trotz PEG und möglichen Dioxans ist die Verwendung vertretbar, weil nur *sehr geringe Mengen* im fertigen Endprodukt enthalten sind.

AROMAÖLE

Eukalyptusöl	**Eigenschaften:** erfrischend, stärkend, konzentrationsfördernd, antiseptisch, desodorierend, durchblutungsfördernd, entstauend. **Anwendung:** Körperpflege: unreine, fette Haut, fettes Haar, Insektenstiche, bei Kopfschmerzen und zur Insektenabwehr. **Wichtige Hinweise:** Das Öl ist für Babys, Kinder und Schwangere nicht geeignet.
Grapefruitöl	**Eigenschaften:** adstringierend, anregend, antiseptisch, tonisierend, erfrischend, konzentrationsfördernd. **Anwendung:** unreine, gestaute, fette Haut, Cellulitis, müde, brennende Füße, reife Haut, matte Haut. **Wichtige Hinweise:** Das Öl ist phototoxisch, das heißt, es erhöht die Sonnenempfindlichkeit der Haut. Also 3–4 Stunden nach der Anwendung keine Sonnenbäder nehmen.
Kamillenöl, römisches	**Eigenschaften:** krampflösend, nervenberuhigend, entspannend, entzündungshemmend, schmerzlindernd, tonisierend. **Anwendung:** trockene, sensible, raue, spröde, gereizte Haut, allgemeine Haarpflege, besonders für blondes Haar, Insektenstiche, zur Pflege von sonnengereizter Haut, für Rasierwasser, Haarwasser bei gereizter Kopfhaut, für entspannende Bade- und Massageöle bei Nervosität, Schlaflosigkeit und stressbedingten Beschwerden. **Wichtige Hinweise:** allgemein gut verträglich.
Krauseminzenöl / Spearmintöl	**Eigenschaften:** adstringierend, anregend, antiseptisch, nervenstärkend, erfrischend, belebend, konzentrationsfördernd. **Anwendung:** unreine Haut, fette, gestaute Haut, fettes Haar, in Saunamischungen, in Sportmassageölen, bei Kopfschmerzen, Erschöpfung und Stress. **Wichtige Hinweise:** Das Öl ist nicht für Babys, Kleinkinder und Schwangere geeignet.

Lavendelöl	**Eigenschaften:** antiseptisch, antitoxisch, ausgleichend, beruhigend, sehr hautpflegend, tonisierend, entzündungshemmend, desodorierend, nervenstärkend, zellerneuernd. **Anwendung:** allgemeine Haut- und Haarpflege, gestaute Haut, Schuppen, gereizte Haut und Kopfhaut, Schuppenflechte, Insektenstiche, Sonnenbrand, in entspannenden Bade- und Massageölen. **Wichtige Hinweise:** allgemein gut verträglich.
Latschenkiefernöl	**Eigenschaften:** antiseptisch, tonisierend, lufterfrischend, anregend, konzentrationsfördernd. **Anwendung:** gering dosiert in Dusch- und Fußbädern, Saunamischungen, bei mentaler Erschöpfung und zur Lufterfrischung.
Zitronengrasöl/ Lemongrasöl	**Eigenschaften:** stark beruhigend (in hoher Dosis anregend), antidepressiv, entzündungshemmend, gefäßerweiternd, antibakteriell, fungizid, desodorierend, insektenvertreibend. **Anwendung:** unreine, großporige Haut, fette Haut, schlaffe Haut, Cellulitis, Deodorant, zur Luftreinigung und Insektenabwehr. **Wichtige Hinweise:** Wegen des hohen Aldehydgehalts sollte das Öl nur in geringer Menge verwendet werden. Bei empfindlichen Personen können Hautreizungen auftreten.
Limettenöl	**Eigenschaften:** antiseptisch, hautstraffend, desodorierend, entzündungshemmend, erfrischend, konzentrationsfördernd, belebend. **Wichtige Hinweise:** Das Öl erhöht die Sonnenempfindlichkeit der Haut. Bitte 3–4 Stunden nach der Anwendung kein Sonnenbad.
Litsea cubeba Öl	**Eigenschaften:** beruhigend, ausgleichend, entzündungshemmend, desodorierend, insektizid. **Anwendung:** Cellulitis, fette, unreine Haut, Deodorant, zur Insektenabwehr, für erfrischende Bade- und Massageöle. **Anmerkung:** Wegen des hohen Aldehydgehalts nur in geringer Dosierung verwenden. Bei empfindlichen Personen können Hautreizungen auftreten.

Lavendelöl

Melissenöl	**Eigenschaften:** entzündungshemmend, beruhigend, tonisierend, spannungsmindernd, schmerzlindernd, insektenabwehrend, krampflösend, nervenstärkend. **Anwendung:** sensible, gestresste Haut, entzündete Haut, trockene Haut, Insektenstiche, bei Schlaflosigkeit und Nervosität, zur Insektenabwehr. **Wichtige Hinweise:** Das Öl kann bei empfindlichen Personen Hautreizungen auslösen.
Neroliöl (Orangenblütenöl)	**Eigenschaften:** antiseptisch, aphrodisisch, hautpflegend, desodorierend, nervenstärkend, krampflösend. **Anwendung:** allgemeine Hautpflege, besonders sensible Haut, reife Haut, entspannende Bade- und Massageöle. **Wichtige Hinweise:** allgemein gut verträglich.
Orangenöl, süß	**Eigenschaften:** ausgleichend, antiseptisch, adstringierend, nervenberuhigend, entzündungshemmend. **Anwendung:** allgemeine Hautpflege, besonders fette, trübe Haut, reife Haut, Cellulitis, für entspannende Massageöle. **Wichtige Hinweise:** Das Öl ist phototoxisch. Nach der Anwendung auf der Haut für etwa 3–4 Stunden keine Sonnenbäder. Im Badewasser können bei empfindlichen Personen Hautreizungen auftreten.
Palmarosaöl	**Eigenschaften:** hautpflegend, antiseptisch, stärkend, desodorierend, tonisierend. **Anwendung:** allgemeine Haut- und Haarpflege, Deodorant, Rasierwasser, für Bade- und Massageöle bei Nervosität, stressbedingten Beschwerden und Erschöpfung. Für die Duftlampe. **Anmerkung:** allgemein gut verträglich.
Pfefferminzöl	**Eigenschaften:** adstringierend, antiseptisch, entzündungshemmend, schmerzlindernd, kühlend, abschwellend, krampflösend, stimulierend, erfrischend, anregend, konzentrationsfördernd, nervenstärkend. **Anwendung:** bei fetter Haut, unreiner Haut, fetten Haaren, schuppiger Kopfhaut, erfrischende Körpertonics, bei Sonnenbrand, als Grundlage für Mundwasser, in Saunamischungen und erfrischenden Sport- und Massageölen. **Wichtige Hinweise:** Pfefferminzöl ist nicht für Kleinkinder geeignet. Es kann bei empfindlichen Personen Haut- und Schleimhautreizungen verursachen. Vorsichtig dosieren.

Rosmarinöl	**Eigenschaften:** durchblutungsfördernd, nervenstärkend, schmerzlindernd, konzentrationsfördernd, adstringierend, anregend, antiseptisch, tonisierend. **Anwendung:** bei fetter, unreiner Haut, Mischhaut mit Akne, fetten Haaren, Schuppen, als anregendes Körpertonic, für Rasierwasser, als Badezusatz in Erkältungszeiten, für belebende Sport-Massageöle und in Saunamischungen. **Wichtige Hinweise:** Das Öl regt sehr stark den Kreislauf an. Es sollte nicht vor dem Schlafengehen angewendet werden. Schwangere sollten auf Rosmarin-Anwendungen verzichten.
Teebaumöl	**Eigenschaften:** antiseptisch, entzündungshemmend, schmerzlindernd, nervenstärkend, allgemein anregend. **Anwendung:** fette, unreine Haut, entzündete Haut, fettes Haar, Schuppen, Schuppenflechte, sonnengeschädigte Haut, Insektenstiche, für Duftlampe und Badeöle in Erkältungszeiten, im Raumspray zur Luftreinigung. **Wichtige Hinweise:** allgemein gut verträglich.
Thymianöl	**Eigenschaften:** adstringierend, anregend, belebend, nervenstärkend, aphrodisisch, durchblutungsfördernd, leicht krampflösend. **Anwendung:** fette Haut, Mischhaut, entzündete Haut, schlecht durchblutete Haut, fettes Haar, in geringer Dosierung für Badeöle in der Erkältungszeit. **Wichtige Hinweise:** allgemein gut verträglich. Es können jedoch bei empfindlichen Personen Hautreizungen auftreten.
Vanilleöl	**Eigenschaften:** ausgleichend, beruhigend, entspannend, entzündungshemmend.

Tenside

FÜR SHAMPOOS UND DUSCHGELE

Decylglucosid	Hierbei handelt es sich um eine klare, hellgelbe Substanz, die auf Basis von Kokosöl und Glucose hergestellt wird. Sie hat einen leicht basischen pH-Wert und dickt erst im leicht sauren pH-Wert bei pH 5-6 an. Decyglucosid wird in allen Reinigungsformulierungen für alle Haut- und Haartypen verwendet. Es ist sehr hautfreundlich, reizfrei und mild mit guten Wascheigenschaften.
Glycintensid HT	Glycintensid ist eine niedrig-viskose, gelbe Flüssigkeit mit typischem Eigengeruch. Das Tensid wird synthetisch aus Glycin, Aminosäuren und Fettsäuren hergestellt und kann im pH-Bereich zwischen 4 und 9 verwendet werden. Auch bei hartem Wasser und Salzzugaben bleibt es beständig. Es besitzt gute Haut- und *Schleimhautverträglichkeit* und schäumt auch bei Ölzugaben noch sehr gut. Glycintensid wird auch unter der Handelsbezeichnung Rewoteric® vertrieben. Glycintensid ist für alle Haut- und Haartypen geeignet. Da es leichte Conditionereigenschaften zeigt, sollte bei schnell fettenden und/oder sehr feinen Haaren eher niedrig dosiert werden.
Lamesoft	Lamesoft ist ein geleeartiges pflanzliches Produkt, das vor allem für Shampoos verwendet wird, da es die Trockenkämmbarkeit der Haare verbessert. Es wird in einer Dosierung von 2-5 % zur Rückfettung und als weichmachender Zusatz verwendet. Lamesoft ist ein Gemisch aus einem milden anionischen Tensid, verschiedenen Fettsäuren, Fettsäure-Estern und antioxidativen Tocopherolen. Es wirkt schaumstabilisierend und verringert die irritierenden Eigenschaften anderer Tenside. Sein pH-Wert liegt bei etwa 3-4 und es sorgt dadurch für eine zusätzliche ph-Wert-Absenkung im Endprodukt.

Zusätze

PFLEGENDE ZUSÄTZE

Alpha-Bisabolol	Alpha-Bisabolol ist der Hauptwirkstoff der Deutschen Kamille, in der er bis zu 50 % enthalten sein kann. Für kosmetische Präparate wird der Stoff synthetisch hergestellt. Es handelt sich um eine klare bis leicht gelbliche Substanz, die etwas dickflüssig ist. Sie hat einen *süßlich-blumigen Duft.* Alpha-Bisabolol ist löslich in Alkohol und fettem Öl. Es wirkt bei empfindlicher, gereizter und unreiner Haut sehr entzündungshemmend, heilungsfördernd, antibakteriell, regenerierend und beruhigend.
Bioschwefel Fluid	Die braune, zähflüssige Substanz besteht aus feinstverteilten Schwefelpartikelchen, die an Fettsäureverbindungen angelagert sind. Es wird in *Haarpflegeprodukten* wie Shampoo, Haarwasser und Haarspülungen gegen Schuppen eingesetzt. In Emulsionen bei Akne und fetter Haut wirkt Bioschwefel regulativ auf die Talgdrüsen und löst Hautschüppchen ab.
Hamamelis	Die *Zaubernuss* ist ein buschartig wachsender Laubbaum, der bis zu 5 Meter hoch wachsen kann und aus Kanada und den östlichen USA stammt, heute jedoch auch in Europa kultiviert wird. Hamamelis wirkt bei fetter, unreiner, großporiger Haut und juckender Kopfhaut. Auch in Mundwasser, Rasierwasser, Zahncreme und Deodorant wirkt es adstringierend, entzündungshemmend, kühlend, desinfizierend und lindert den Juckreiz.
Hyaluronsäure	Hyaluronsäure ist ein natürlich in unserem Körper vorkommendes Polysaccharid (Vielfachzucker), das in Wasser ein Gel bildet. Es bindet Feuchtigkeit und wirkt straffend auf die Haut.
Karottensamenöl	Dieses Öl wird durch *Wasserdampfdestillation* aus Karottensamen gewonnen und wirkt regenerierend auf die Zellen. Es wird angewendet bei Hauterkrankungen, geplatzten Äderchen, Ekzemen, Schuppenflechte und Anämie. Karottensamenöl reguliert die Darmtätigkeit, fördert die Milchbildung, wirkt blutbildend und blutreinigend und stärkt Leber und Gallenblase.

Meristem-extrakt 1 %	Hierbei handelt es sich um ein wasserlösliches Extrakt aus dem Wurzelmeristem von Laubgehölzen. Dieses pflanzliche Wachstumsgewebe bildet sich an der Spitze von Wurzeln und Sprossen aus und ist *keinem Alterungsprozess unterworfen.* Er fungiert als Radikalfänger und wird als beruhigende, abschwellende und straffende Beimischung in Nähr- und Antifaltencremes, Masken sowie in Zahn- und Mundpflegemitteln eingesetzt. Er soll vor allem besonders empfindliche Haut vor unerwünschten Reaktionen schützen.
D-Panthenol	Panthenol wird im Körper in Pantothensäure (Vitamin B5) umgewandelt. Dieses Vitamin ist ein *Baustein der Zellen* und wirkt regenerierend auf Haut und Schleimhaut. Es ist wasserlöslich und wird in allen kosmetischen Präparaten, die eine wässrige Phase enthalten, eingesetzt. Es fördert die Zellteilung und Heilung, spendet Feuchtigkeit und wirkt glättend auf Haut und Haar. Es verdickt den Haarschaft, wirkt gegen Spliss und verleiht den Haaren leichte Kämmbarkeit und Glanz.
Seidenprotein	Die klare, süßlich riechende Flüssigkeit ist eine wässrige Lösung von Seidenaminosäuren und Seideneiweiß. Sie löst sich gut in Wasser und Glycerin, aber nicht in Ölen und Alkohol. Seidenprotein wird sowohl in Haarpflegeprodukten als auch in Cremes eingesetzt. Es reguliert den Feuchtigkeitshaushalt und wirkt allgemein pflegend. Es zieht sich beim Trocknen zusammen, wodurch ein *hauchdünner Film* gebildet wird, der ein geschmeidiges Hautgefühl hinterlässt und kleine Fältchen unsichtbar werden lässt.
Vitamin A-Palmitat	Vitamin A-Palmitat wird aus Vitamin A und Palmitinsäure hergestellt. Da die Dosierung schwierig ist, wird es mit 75 % Pflanzenöl, meist Erdnussöl, verdünnt. Es handelt sich um ein klares, gelbliches Öl mit öligem Geruch. Es darf, wie alle Vitamine, nicht erhitzt sondern tropfenweise *bei Handwärme* in das fertige Endprodukt eingerührt werden. Vitamin A-Palmitat ist besonders effektiv in Verbindung mit Vitamin E-Acetat bei trockener, reifer, empfindlicher und unreiner Haut und bei trockener Kopfhaut. Es schützt vor freien Radikalen, verbessert die Zellteilung, reguliert die Keratin- und Kollagenbildung und erhöht den Hautstoffwechsel. Es beugt vorzeitiger Hautalterung vor und wird deswegen oft für Anti-Falten-Cremes und Sonnenschutzmittel verwendet. Es sollte kühl und dunkel aufbewahrt werden.

Vitamin E-Acetat	Die geruchlose, klare, zähflüssige Substanz wird durch Veresterung mit Essigsäure aus Vitamin E (Tocopherol) hergestellt. Sie ist in fettem Öl und Alkohol löslich. Vitamin E-Acetat ist im Gegensatz zum reinen Vitamin E wesentlich stabiler gegenüber Wärme und Sauerstoff. Es wirkt besonders bei sehr trockener, (sonnen-)geschädigter, reifer Haut in Sonnenschutzmitteln. Es verbessert den Feuchtigkeitshaushalt und glättet die Hornschicht von Haut, Kopfhaut und Haaren, Es wirkt als *Fänger freier Radikale* und verhindert dadurch die Oxidation (Zersetzung durch Sauerstoff) von Emulsionen und fetten Ölen und verlängert somit deren Haltbarkeit. Vitamin E-Acetat sollten Sie jeder Emulsion zugeben. Es sollte kühl und lichtgeschützt aufbewahrt werden.

KONSERVIERER

Ethanol (Alkohol, Ethylalkohol, Weingeist)	Die klare, scharf riechende Flüssigkeit wird durch natürliche, alkoholische Gärung mit anschließender *Destillation* hergestellt. Nach der Destillation liegt der Alkoholgehalt bei etwa 96 % Vol., der Rest ist Wasser. Ethanol enthält keine Vergällungsmittel und ist somit genießbar, deswegen wird auf ihn eine hohe Steuer erhoben. Ethanol wirkt stark entfettend, hygroskopisch, desinfizierend und kühlend. Ein geringer Zusatz bewirkt, dass die Emulsion schneller einzieht. Cremes mit hohem Fettanteil werden dadurch weniger fettend empfunden. Er wird häufig als Konservierungsmittel verwendet oder einfach als Lösungs- oder Auszugsmittel. Als Konservierungsmittel werden 12–15 % auf die Wasserphase zugegeben.
Kosmetisches Basiswasser	Dieses besteht ebenfalls zu 96 % aus Ethanol, wurde jedoch vergällt und ist dadurch preisgünstiger.
Rokonsal™ BSB-N	Die klare, zähe Flüssigkeit besteht aus Benzylalkohol, Benzoesäure und Sorbinsäure, die in Glycerin gelöst sind. Sein *schwacher Eigengeruch* lässt sich gut überdecken. Er wirkt nur bei pH-Werten unter 5, deswegen müssen die Kosmetika mit Zitronen- oder Milchsäure angesäuert werden, Dann kann auch eine Haltbarkeit von 3–6 Monaten erreicht werden. Obwohl er als gut verträglich gilt, kann er trotzdem bei einigen Personen Unverträglichkeitsreaktionen auslösen. Er kann in allen Emulsionen, Shampoos und Duschgelen eingesetzt werden. **Dosierung:** Tensidformulierungen 0,2 %, Emulsionen bis 1 %.

SONSTIGE ZUSÄTZE

Farnesol	Farnesol gehört zur Gruppe der Sesquiterpenole, die in der Natur in einigen ätherischen Ölen vorkommen, zum Beispiel in Linden-, Maiglöckchen- oder Orangenblüten. Für kosmetische Zubereitungen wird es meist synthetisch hergestellt. Es handelt sich um eine klare, ölige Flüssigkeit, die einen *leichten Blütenduft* verströmt. In Deodorants, Fußsprays, desodorierende Waschemulsionen und in Pflegeprodukten bei Akne wirkt es antibakteriell gegen Mikroorganismen, die für den Abbau von Schweiß und den damit verbundenen Schweißgeruch verantwortlich sind. Farnesol ist löslich in Ölen oder Alkohol und gut hautverträglich.
Glycerin	Glycerin ist ein dreiwertiger Alkohol, der als Baustein für Fette und Öle überall in der Natur vorkommt. Glycerin ist eine klare, dicke Flüssigkeit und wird als *Feuchthaltemittel* für Cremes und Lotionen eingesetzt. Es vermittelt ein angenehm weiches Hautgefühl.
Harnstoff	Harnstoff ist eine natürliche Substanz, die im Körper gebildet und mit dem Urin ausgeschieden wird. Für kosmetische Zwecke wird Harnstoff synthetisch hergestellt. Bei Harnstoffmangel wird die Haut trocken, spröde und rissig. Deshalb wird Harnstoff bei trockener, reifer Haut und verhornter Haut (zum Beispiel an den *Fußsohlen*), bei Schuppenflechte, Akne und Dermatitis eingesetzt.
Xanthan	Xanthan wird biotechnisch aus verschiedenen Kohlenhydraten mit Bakterienkulturen (Xanthomonas Campestris) gewonnen. Es gehört zur Gruppe der Polysaccharide und bildet mit Wasser ein *Gel*.
Zitronensäure-Pulver	Zitronensäure wurde früher aus Zitronensaft gewonnen, heute jedoch wird sie industriell mit Hilfe des Schimmelpilzes Aspergillus niger hergestellt. Zitronensäure ist ein wichtiger Grundstoff für sprudelnde *Badekugeln*. In Emulsionen und Flüssigseifen dient Zitronensäure als pH-Regulator. Lagern Sie Zitronensäure so, dass sich weder Kinder noch Haustiere Zugang verschaffen können.

SCHNELL NACHGESCHLAGEN

QUELLEN UND ADRESSEN

Sie wollen mehr wissen? Oder überlegen Sie noch, wo Sie welche Rohstoffe einkaufen? Hier werden Sie fündig.

BÜCHER

BELLERSEN QUIRINI, C. (2016): Naturkosmetik – einfach selbst gemacht. Von Shampoo bis Fußbalsam. Verlag Eugen Ulmer, Stuttgart.

BROCKMANN, J. (2022): Feste Naturkosmetik selber machen. 50 fantastische Rezepte für feste Shampoos, Lotionbars und Co. Verlag Eugen Ulmer, Stuttgart.

BRUNEAU, S. (2018): Wertvolles von unseren Bienen. Rezepte und DIY-Ideen mit Honig, Bienenwachs, Propolis, Gelée royale, Pollen und Bienengift. Verlag Eugen Ulmer, Stuttgart.

FRANK, R. (2019): Honig – köstlich und gesund. Mit 180 Rezepten für alle Lebenslagen. Verlag Eugen Ulmer, Stuttgart.

KOHFINK, M. (2011): Bienenprodukte erfolgreich verkaufen. Verlag Eugen Ulmer, Stuttgart.

SPÜRGIN, A. (2022): Bienenwachs. Gewinnung, Verarbeitung, Produkte. Verlag Eugen Ulmer, Stuttgart.

WESTPHAL, U. (2021): Der Imkerkurs für Einsteiger. Nachhaltige Bienenhaltung Schritt für Schritt. Verlag Eugen Ulmer, Stuttgart.

INTERNETSEITEN

Info zu Bienenprodukten
www.deutscherimkerbund.de
www.ag-bienenforschung.de
www.die-honigmacher.de

Info zu Kosmetik
www.hobby-kosmetik.de
www.meinekosmetik.de
www.naturseife.com
www.olionatura.de

Bienenprodukte kaufen
Unter www.deutscherimkerbund.de finden Sie den Imkerverein in Ihrer Nähe und können dort nachfragen, wo welcher Imker was verkauft. Ansonsten werden Bienenprodukte auf Märkten, in Geschäften mit Kosmetikartikeln und Naturprodukten, in Bio- und Hofläden, Drogerien und Apotheken verkauft.

Kosmetikutensilien kaufen
Es gibt unzählige Anbieter von Zutaten und Gefäßen, die Sie zur Herstellung selbst gemachter Kosmetik benötigen.

ONLINESHOPS

gibt es zahlreiche, manche verschwinden und es tauchen ständig neue im Netz auf. Daher ist es nicht möglich, eine Auswahl zusammen zu stellen. Geben Sie einfach in die Suchmaschine die Schlagwörter „Kosmetik selber herstellen Onlineshop“ ein und vergleichen Sie die Angebote.
Es gibt unwahrscheinliche Preisunterschiede. Deswegen empfehle ich Ihnen, die Preise von jedem einzelnen Artikel bei den unterschiedlichen Anbietern genau zu vergleichen. Hier können Sie sehr schnell 10–20 Euro sparen.
Viele Zutaten werden auch in Bioläden und Reformhäusern angeboten. Auch Apotheken bieten einiges an. Wenn Sie nicht über das Internet bestellen wollen, fragen Sie dort einfach nach.

BILDQUELLEN

Bühring, Ursel: 106/107 (118)
Götz, Eva-Maria: 13
Heinz Waldukat - Fotolia.com: 29
Hoch, Elisabeth: 80
Honig-Verband e.V.: 20
iStockphoto/Chris Gramly: 62
iStockphoto/danez: 50
iStockphoto/Kristen Johansen: 64
iStockphoto/Liv Friis-Larsen: 3
iStockphoto/Magdalena Jankowska: 9
iStockphoto/Massimiliano Leban: 108
iStockphoto/matka_Wariatka: 17
iStockphoto/Pasticcio: 38
J.Kaiser - Fotolia.com: 4/5
Lampeitl, Hubert: 11
Lilyana Vynogradova - Fotolia.com: 123
mauritius images / CuboImages: 60
mauritius images / Firstlight: 117
mauritius images / Garden Picture Library: 25
mauritius images / imagebroker / Manfred Valentin Ramminger: 8
mauritius images / imagebroker / Markus Keller: 6/7
mauritius images / imagebroker / Ralph Kerpa: 25
mauritius images / P. Widmann: 38
mauritius images / Phototake: 35
mauritius images / Pierre Bourrier: 75
mauritius images / Westend61: 54
Oleksandr Smetana - Fotolia.com: 111
Ruder, Michael: 36/37 (58), 41, 42, 56, 57, 68/69 (72), 77, 78/79 (93), 81, 83, 85, 87, 88/89, 90/91 (138), 94, 97, 98,100/101 (144), 102, 104/105, 141
Schmidt-Röger, Heike: 47 (134)
Schneider, Christine: 67
Schroeder, Annette: 30, 31, 32, 34, 132
Shutterstock/BarbaraGoreckaPhotography: 22
Shutterstock/Desizned: 44
Springob, Friedrich: 14
unpict - Fotolia.com: 112
Die Zeichnung auf Seite 24 stammt von Helmuth Flubacher nach Vorlage der Autorin.

Das Titelbild fertigte Liv Friis-larsen - www.shutterstock.com, die restlichen Bilder des Umschlags stammen von Michael Ruder.

Anmerkung zur Schreibweise (Gendering):
Gendergerechtigkeit und Inklusion sind bei uns gelebte Praxis – bei der Auswahl unserer Themen, bei der Recherchearbeit, in der Gestaltung. Unsere Texte meinen alle. Damit unsere Inhalte jedoch gut lesbar bleiben, verzichten wir in diesem Werk auf die jeweilige Mehrfachnennung oder Anpassung der Schreibweise bestimmter Bezeichnungen an die weibliche, männliche oder diverse Form.

BIBLIOGRAFISCHE INFORMATION DER DEUTSCHEN NATIONALBIBLIOTHEK
Die Deutsche Nationalbibliothek verzeichnet diese Publikation in der Deutschen Nationalbibliografie; detaillierte bibliografische Daten sind im Internet über http://dnb.d-nb.de abrufbar.

Wollgrasweg 41, 70599 Stuttgart (Hohenheim)
E-Mail: info@ulmer.de
Internet: www.ulmer.de
Lektorat: Ute Bartels, Christine Schneider
Projektleitung: Jennifer Zajonz
Herstellung: Isabell Scherrieble
Umschlagentwurf: Anette Vogt, www.redisgn.de, Stuttgart
Innenlayout: Claudia Eder, Augsburg
Gestaltung und Satz: Susanne Junker, www.redisgn.de, Stuttgart
Reproduktion: time:ray, Jettingen
Druck und Bindung: Westermann Druck, Zwickau
Printed in Germany

FSC
www.fsc.org
MIX
Papier aus verantwortungsvollen Quellen
FSC® C110508

ISBN 978-3-8186-1425-6

HIER KÖNNEN SIE WEITERLESEN

Kreativ mit Bienenwachs.
Über 50 Rezepte zum Nachmachen: Kosmetik, Dekoration, Kerzen, Bastelideen, Praktisches für zu Hause.
A.Tietjen, F. Tietjen. 2021.
76 S., 70 Farbfotos, kart.
ISBN 978-3-8186-1347-1.

Bienenwachs zu verarbeiten ist ein rundum gesundes und nachhaltiges Hobby. Die Verwendung eines so ursprünglichen Naturprodukts belastet die Umwelt nachweisbar geringer als der Konsum industriell hergestellter Produkte. Für dieses Buch haben der Imker Falco und seine Frau Anne Tietjen über 50 sorgfältig ausgesuchte Rezepte zusammengetragen und zeigen, was Sie selbst aus Bienenwachs herstellen können. Ganz gleich, ob Sie Ihren eigenen Insektenschutz, Schuhcreme, Holzpflege, Wachstücher, Dekoration, Naturkosmetik herstellen oder mit Kindern Kerzen gießen möchten – für jeden ist bei der Auswahl der Rezepte etwas Passendes dabei. Lassen Sie sich von den vielfältigen DIY-Ideen inspirieren!

GESUNDMACHER HONIG

Honig.
Köstlich, gesund und vielseitig.
Mit 180 Rezepten für alle Lebenslagen.
R. Frank. 3. Auflage 2019. 176 S., 17 Farbfotos, 6 Zeichnungen, 25 Tabellen, kart.
ISBN 978-3-8186-0818-7.

Honig wird seit Urzeiten als Nahrungsmittel geschätzt. Kaum ein anderes Naturprodukt ist so reich an gesundheitsfördernden Inhaltsstoffen und die Wissenschaft entschlüsselt immer mehr seiner Wirkungen auf die Gesundheit. In diesem Buch erfahren Sie nicht nur, wie die Bienen den Honig herstellen, sondern auch, wie seine Inhaltsstoffe mit ihren speziellen Wirkungsweisen auf den menschlichen Organismus wirken. Renate Frank verrät, wie Honig in der gesunden Ernährung verwendet werden kann und gibt Antworten auf die am häufigsten gestellten Fragen zum Honig. Mit vielen Tipps zur äußerlichen Verwendung von Honig und über 180 Rezepten zur Bereicherung der Ernährung in jeder Lebenslage.

SCHÄTZE AUS DEM BIENENSTOCK

Wertvolles von unseren Bienen.
Rezepte und DIY-Ideen mit Honig, Bienenwachs, Propolis, Gelée royale, Pollen und Bienengift. S. Bruneau. 2018.
160 S., 120 Farbfotos, kart.
ISBN 978-3-8186-0402-8.

Hatten Sie schonmal Bienenpollen auf Ihrem Frühstücksbrot? Wenn nicht, dann wird es höchste Zeit! Bienenwachs und Honig erfreuen sich als Kerzen oder im Tee größter Beliebtheit – Propolis, Pollen, Gelée royale und Bienengift sind hingegen wenig bekannt und genutzt. Imkerin Stephanie Bruneau zeigt Ihnen, was Bienen alles können und wie wie wertvoll all ihre Produkte für uns sind. Ob Propolis-Tinktur, ein Frühstücksaufstrich mit Bienenpollen, ein scharfes Honig-Tonikum oder ein Fruchtbarkeits-Smoothie mit Gelée royale – dieses Buch steckt voller innovativer Rezepte und DIY-Ideen für die ganze Familie. Probieren Sie es aus und lassen Sie sich von den Bienen begeistern!

LASSEN SIE IHREN GARTEN SUMMEN!

Mein Bienengarten.
Bunte Bienenweiden für Hummeln, Honig- und Wildbienen. E. Schwarzer. 2., erweiterte Auflage 2020. 144 S., 130 Farbfotos, Klappenbroschur.
ISBN 978-3-8186-0948-1.

Für Wildbienen und Hummeln werden unsere Gärten ein immer wichtigerer Zufluchtsort und Nahrungsquell. In diesem Buch erfahren Sie, wie Sie es den nützlichen Fluggästen in Ihrem Garten noch gemütlicher machen können. Kommen Sie mit auf Entdeckungsreise durch den Garten und lernen Sie die häufigsten Wildbienen und Hummeln persönlich kennen. Erfahren Sie, welche Pflanzen Maskenbiene, Gehörnte Mauerbiene, Baumhummel und Co. am liebsten mögen und wie Sie diese in Ihren Garten integrieren. Mit ausführlichen Bienen-, Hummel- und Pflanzenporträts, vielen Tipps für die bienenfreundliche Gartengestaltung und einem Flugzeitenkalender steht einem emsigen Summen und Brummen in Ihrem Garten nichts mehr im Wege.